我的中国梦丛书

乘着梦想的翅膀

俞克明 主编

少年儿童出版社

目　录

社会大发展

从"包产到户"到"新型农业经营体系" / 002

步步深入的对外开放 / 005

从平房到公寓楼 / 008

从单休时代到弹性休假 / 011

海峡两岸"大三通"，通向祖国统一梦 / 014

港澳回归——"一国两制"梦想的实践 / 017

用汗水催开城市之花 / 020

志愿者放光彩 / 023

日新月异的科技

载人航天：梦想照进太空世界 / 028

"蛟龙号"点亮深海梦 / 032

在极地和珠峰放飞梦想 / 035

杂交水稻：播下梦想的种子 / 039

王选的方正人生 / 042

锐不可当的互联网 / 046

异彩纷呈"自媒体" / 050

百业扬帆

神起在东方的第一大港 / 054
从个体户到民营企业 / 057
电子商务与快递业务的兴起 / 060
广告业迎来全盛时代 / 063
通过指尖上传思想与审美的人们 / 066
边走边唱的旅游业 / 069
从"中国制造"到"中国智造" / 072
"小飞乐"股票与金融业的发展 / 075
文化产业的"集结号" / 078

乐享好生活

在繁华中穿行 / 084
远途旅行，开往春天 / 087
科技改变生活：通讯工具之变迁 / 090
烟杂店的涅槃：24小时便利店的前世今生 / 094
从卡拉OK到选秀梦 / 098
告别"票证时代" / 101
开放的广场，属于我们自己的文化 / 104
神奇的物联网 / 107

文教体育之春

从恢复高考到中外合作办学 / 112
合力培育希望的幼苗 / 116

电视节目的变迁 / 119
国学传统热 / 122
台上台下的荣耀 / 125
传统舞台艺术重焕青春 / 128
多姿多彩的"中国文化年" / 131

众志成城

抵抗亚洲金融风暴 / 136
与洪水作战 / 139
众志成城抗击SARS / 142
汶川抗震救灾 / 145
国内援建 / 149

中国梦,世界梦

加入WTO,中国的和平发展梦 / 154
北京奥运会 / 157
圆梦之旅——2010上海世博会 / 161
中国的声音 / 165
非物质文化遗产申报 / 169
援外与维和彰显大国责任 / 172

社会大发展

从"包产到户"到"新型农业经营体系"

包产到户

1978年11月,安徽省凤阳县小岗村18位农民签下"生死状",将村内土地分开承包,开创了家庭联产承包责任制的先河。包产到户得到了邓小平同志和当时的安徽省委书记万里的支持。

1980年9月,中央提出了对包产到户区别不同地区、不同社队采取不同的方针,并肯定了包产到户"是联系群众,发展生产,解决温饱问题的一种必要的措施"。1982年1月1日,中央关于农村工作的一号文件正式出台,明确指出包产到户、包干到户都是社会主义集体经济的生产责任制。此后,中央不断稳固和完善家庭联产承包责任制,鼓励农民发展多种经营,广大农村地区逐步走上致富道路。

1981年1月,实行包产到户的生产队(今村民小组)占中国农村生产队总数的1%,到同年6月增加到19.9%。之后,包产到户作为家庭承包经营的一种形式,在全国农村迅速地采用和推广。随着农村经济体制改革的深入发展,包产到户逐步演变为包干到户的形式。

随着承包制的推行,农民的生产积极性提高,解放了农村生产力。农民可以将多余的粮食出售,农民的收入增加,农村经济大为好转。1978年至1985年,粮食的增幅达到新中国成立以来的最高峰。除去需要上缴的公粮之外,农民可以根据需要自主选择种植收益较高的经济作物。农民的生活水平逐渐提升，农村出现了"万元户"。中国农村出现了一番繁荣发展的新景象。

面临新的矛盾和挑战

农村改革三十多年来，随着社会经济的发展，农村人口大量进城，城市化率逐步提高，农业、农村发展也面临着诸多新的矛盾和挑战。一方面，集体统一经营普遍弱化，在有些农村甚至已经看不到集体的统一经营，只有家庭的分散经营，规模狭小，严重影响到农业的现代化、社会化发展。另一方面，全国也有一些农村坚持集体经营，没有实行包产到户，它们只有集体经营，没有农户家庭经营，而且集体经济发展得还比较好。

党的十八大报告指出，坚持和完善农村基本经营制度，构建集约化、专业化、组织化、社会化相结合的新型农业经营体系。新型农业经营体系是应对当前农业经营方式面临新挑战的有效举措。近年来，各地都在农业生产经营体制方面进行了一定的探索，如家庭农场、农业合作社、专业合作社、公司加农户的产业化经营。农业经营体制已经不完全是家庭承包经营。

探索构建新型农业经营体系

在探索加快构建新型农业经营体系中，上海市松江区"家庭农场"经营模式赢得了农民的认可，受到全国关注。松江区的工业化、城镇化进程都比较快，全区86%的农村劳动力已转向非农产业就业，具备了加快耕地流转、集中的条件。鼓励发展以农户家庭为基本单位，实现规模化、专业化、集约化经营的"家庭农场"，是上海郊区发展现代农业的一项重大改革和

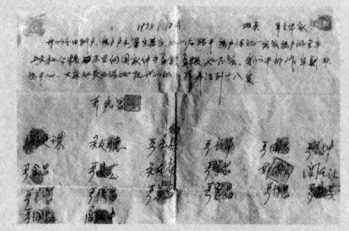

探索。松江区从2007年开始探索发展适度规模经营的家庭农场。在社会化服务体系的支持下，一个家庭夫妻二人一年种两季，年纯收入一般可在8万元左右，与上海市城镇居民的人均年可支配收入已不相上下。利用剩余劳动时间代公司养猪的家庭农场，每年还可再增加纯收入六七万元。松江的家庭农场模式下，农民吃住都在家，农业社会化服务降低了劳动强度，收入又不低于城镇居民。从经营主体、经营期限和经营规模，以及生产组织形式和分配方式上看，松江家庭农场都具有现代农业的性质和特点。

从整体上看，目前由种植大户、家庭农场、专业合作组织和农业龙头企业等组成的新型农业经营体系规模化、组织化程度还偏低，与现代农业和农业新形势的要求相差较远。我国幅员辽阔，各地经济社会的发展差距大，地形、地貌和气候条件也有较大差异，农业经营者生产的农产品又各不相同。未来随着农业经济的发展、成熟，在家庭经营这一基本形式的基础上，农业会根据生产经营的实际需要，以构建集约化、专业化、组织化、社会化相结合的新型农业经营体系为目标，演绎出多种多样的具体经营模式。

（白璇煜）

步步深入的对外开放

划出经济特区

"1979年，那是一个春天，有一位老人在中国的南海边画了一个圈，神话般地崛起座座城……"这首《春天的故事》中的"老人"就是改革开放的总设计师邓小平。1979年4月，时任广东省委书记的习仲勋向邓小平提出拟在沿海地区设立出口加工基地，利用邻近港澳的优势，实行优惠政策，加快经济发展。邓小平敏锐地看到这是新思路，并表示"还是办特区好"。1980年，中共中央、国务院决定在深圳、珠海、汕头和厦门试办"经济特区"，积极吸收侨资、外资，引进国外先进技术和管理经验，走出了改革开放的重要一步！

"深圳只有三件宝：苍蝇、蚊子、沙井蚝；十室九空人离去，村里只剩老和小。"这首民谣，是对改革开放前的深圳的真实写照。1980年的深圳还是一个贫穷落后的边陲小镇，仅有3万多人口、两三条小街道，没有大学，没有自己的报纸、广播和电视，仅有的文化设施是一家新华书店和一家五十年代盖的剧院。由于与香港仅一水之隔，甚至还有很多农民逃到香港去谋生。经过三十多年的发展，深圳已成为拥有超千万人口、人均GDP突破1万美元的现代化大都市，是与北、上、广相提并论的中国一线城市。其发展速度创造了世界工业化、城市化和现代化发展史上的奇迹。

成立经济开发区

1984年,中共中央、国务院进一步开放上海、天津等14个沿海港口城市;从1985年起,先后在长江三角洲、珠江三角洲、闽南三角地区、辽东半岛、胶东半岛、环渤海地区开辟经济开放区;1988年,又批准海南建省并成立海南经济特区。经过十多年建设,基本形成"经济特区—沿海开放城市—沿海经济开放区—沿江和内陆开放城市—沿边开放城市"的全方位、多层次、宽领域的对外开放格局。

1990年4月18日,党中央、国务院正式宣布开发开放上海浦东。邓小平指出:"浦东开发比深圳晚,但起点可以更高,我相信可以后来居上。"浦东做到了!坚持面向世界的定位要求,二十多年间,从一片农田上奇迹般地冒出了一座现代化新城区,并且成为带动上海及长江三角洲地区经济发展的龙头。东方明珠广播电视塔、金茂大厦、环球金融中心、上海中心等一座座摩天大楼拔地而起,成为陆家嘴的地标性建筑。2001年的APEC(亚太经济合作组织)会议上,20位国家和地区领导人穿着唐装在浦东的上海科技馆门前的合影初步见证了浦东发展的成就;2010年上海世博会则交出了一份浦东开发20年的答卷。

中国成功加入世界贸易组织,使中国的对外开放进入到新的阶段,更深入参与到经济全球化进程中,很多的规章制度将进一步规范化并与国际接轨。我国由以前有限范围和有限领域内的开放,转变为全方位的开放;由以试点为特征的政策主导下的开放,转变为法律框架下可预见的开放;由单方面为主的自我开放,转变为与世界贸易组织成员之间的相互开放。

打造自由贸易区

社会大发展

随着改革开放的深入，2013年8月，国务院正式批准设立中国（上海）自由贸易试验区。上海自由贸易区规划为4块功能区域，范围包括上海外高桥保税区、上海外高桥保税物流园区、上海洋山保税港区和上海浦东机场综合保税区4个海关特殊监管区域，共计28.78平方千米，约占上海市总面积的1/226，和澳门的面积大小较接近。它成为中国经济新的试验田，实行政府职能转变、金融制度、贸易服务、外商投资和税收政策等多项改革措施，并将大力推动上海市转口、离岸业务的发展。

上海自由贸易区正式挂牌成立前后引起了各方高度关注，挂牌后首个业务受理日就有577人次申请入驻。2013年国庆节长假期间，上海自由贸易区综合服务大厅在长假期间日平均接待700人次，自由贸易区官网日平均点击量也高达100万次。截至2013年10月7日，上海工商部门收到企业落户自由贸易区申请的已超过600家。包括东方明珠、太平洋财产保险、盛大国际等多家知名企业都抢先入驻。这是顺应全球经贸发展新趋势，探索中国对外开放的新路径和新模式。希望以此推动加快转变政府职能和行政体制改革，促进转变经济增长方式和优化经济结构，形成可复制、可推广的经验，服务全国的发展！

当前，在经济全球化深入的背景下，中国正推动新一轮高水平的对外开放，必将为改革事业迎来一个个更具活力的春天！

（许璇）

社会大发展

从平房到公寓楼

天津市西青区大寺镇,有一处很著名的新农村建设明星村——王村。王村是天津市政府命名的天津市"示范村",是国家旅游局命名的国家"AA旅游景区",还被天津市旅游局定为天津市旅游"涉外村"。这些年,凡是到王村参观旅游的国内外客人看到王村巨变都惊叹不已。

农民居住环境在改变

中央电视台4套频道曾在《走遍中国》栏目中向世界播放了王村建设社会主义新农村精神风貌和老百姓的幸福生活。新闻报道里是这样说的:王村人民"在改革开放春风的沐浴下,艰苦创业,实现了农村城市化。村里生活环境和谐有序,家家户户住进新楼房,电脑、电话、汽车走进农家,村民过着干有所为、老有所养、少有所教、病有所医、其乐融融的城市化生活"。而十多年以前,王村是远近闻名的穷村,90%的村民住着低矮的危陋平房,60岁以上老人很多都没有收入,靠儿女供养,生活在脏、乱、差的环境里。

王村所展示的正是中国新农村建设的一个缩影。长期以来，我国的农村住宅都是农民自建的单家独院式住宅，这些住宅没有统一规划，新旧不一，散落在乡村里的各个地方。居民的居住环境、饮用水、医疗卫生条件等都得不到保障。这种分散居住的局面制约了水电、道路、通讯、文化等基础设施的规划与建设，也不利于土地和耕地的集中高效使用。在这种背景下各个地区纷纷开始了农村住宅公寓化建设的尝试，统一规划和建设农村住房，取消传统的"一户一宅"的农村住宅建设方式，将农村住宅从每户独立的低层、多层形式，改革为一梯多户的多层、高层套型形式。

配套设施更完善

通过集中建设公寓楼，当然改善的不仅仅是住房条件。以王村为例，他们建成了28万平方米的新楼房，将所有危陋平房取而代之，并且生活设施现代化，居民喝上了自来水，用上了天然气。住房公寓化集中以后，村里又投资修建了柏油路，道路两旁安装了太阳能照明，建设了公交车线路，便利了老百姓交通出行。村里还投入资金彻底治理污水河的环境污染问题，将地上污水通过

地下涵洞排放，为村民创造了干净、文明的生活环境。同时彻底解决了老人生活的后顾之忧，60岁以上的老人每月发放千元的生活费和养老保险金；全村老百姓人人上了合作医疗保险。因此农村住房的公寓化改革，其实是整个农村居住环境和条件的系统改善，这些改善是在原来分散居住的条件下难以达到的。

  农村住房的公寓化改革，在不同的地方有不同的具体做法。除了王村这样自上而下统一集中建房的，还有一些地方是农民集资建房。比如福建泉州南安市翔云镇的梅庄村。随着改革开放的发展，农民们的腰包鼓起来了，对住房提出了更高的要求，但是梅庄地处山区，可供建房的地方很少。于是，有条件的居民就提出集资建公寓。不仅节约了土地，还解决了农村排污及人畜分流等方面的问题，可谓一举两得。

  除了在农村集中建公寓房，还有一种做法是置换，即农民可以使用农村的宅基地置换成县城的公寓房，同时会有相关的社会保障制度配套实施，以保障农民的权益。与此同时，将农民置换的土地入股形成房地产，使农民成为股东，增加了农民的稳定收入来源。苏浙一带经济发达的很多地方都采用这种方式。农民们通过这种方式进入城市，也是中国城市化进程的一部分。

居民精神追求更丰富

  住房条件和居民的物质生活条件的改变，也会带来人们的生活方式、精神追求的改变，而集中居住也为建设文化娱乐设施提供了条件。很多新农村都根据自身的特色建设了农村青少年活动中心及文化活动中心，建立了农民书屋、村民学校、党员活动室、文化活动室、乒乓室、台球室等。有的地方则发掘自身的历史文化资源，打造特色旅游基地，尝试传统农业的转型发展。农民们逐渐适应和融入社区生活，寻找新的致富路，走在城乡一体化的幸福大道上。

（韩燕）

从单休时代到弹性休假

社会大发展

休假是一个古老的话题。现代社会公认的人权包括从事劳动并获得报酬的权利。同样地，人也拥有休息的权利。休假制度也就应运而生了。新中国的休假制度起步比较晚。从19年前的双休日，到15年前的黄金周，再到6年前的小长假，新中国的劳动者们经历了"不会休闲"、"盲目休闲"到"学会休闲"的过程。现在，随着休假制度的不断改革，假期越来越多，人们已经学会合理地安排工作和休息，既紧张有序地工作，又积极主动地"忙里偷闲"，适度地休闲度假。新中国60多年休假制度的变迁，正逐步改变着人们的生活和娱乐方式。

单休时代

新中国成立后，星期天休息的制度逐步推广到政府机关与企事业单位。由于一周只有一天才能休息，那时的上班族到了周末，大多是在家打扫卫生、看望老人等，也没办法休息。除此以外，元旦放假一天，春节放假三天、"五一"劳动节放假一天、"十一"国庆节放假两天。

对于20世纪八九十年代的大多数中国人而言，旅游根本就

011

是个遥不可及的梦想。

休闲时代：从"1+2"到"双休日"

20世纪90年代，国务院开始把缩短工时的方案提上议事日程。1992年，劳动部也通过外交部收集到136个国家的工时情况，了解到世界主要国家实行的都是一周40小时工时制，于是提出了"缩减一天工时"和"缩减半天工时"两种方案。1994年2月3日，国务院发布第146号令，实施每周工作44小时的工时制度，自3月1日起，当月第一周星期六和星期日休息，第二周星期日休息，依次循环。

很快，改革开放进入攻坚阶段，国内出现了企业工人大批下岗的现象。为了增加就业岗位，缓解部分工人下岗问题，国务院提出继续改革，将每周工作44小时进一步缩短到40小时。1995年3月25日，国务院再次宣布，自当年5月1日起，全国实行五天工作制。从此双休日成为中国人生活的一部分。当然，许多进城务工的农民，还没有享受到这一权利。

对于一部分先富起来的中国人来说，在学习和工作之外拥有了更多自由支配的时间。这时的中国人开始有了"度周末"的意识。

"黄金周"时代：带来旅游购物大井喷

1997年东南亚发生金融危机，为了刺激消费，拉动国内经济，促进国内旅游，1999年，国务院公布了新的《全国年节及纪念日放假办法》，决定将春节、"五一"、"十一"的休息时间与前后的双休日拼接，从而形成长假。1999年10月1日，人们迎来了第一个长假。"黄金周"在不改变劳动者休息时间总长度的前提下,将休假时间集中起来,从而使国民的休假习惯和旅游等相关行业的经营发展模式发生了巨大的变化。"黄金周"对于我国旅游市场和经济的发展带来的推动效果是超乎预期的。

但"黄金周"制度并非完美无瑕,从它开始实行的一刻起,就备受争议。由于假期、节假日过于集中,黄金周带动经济、满足人们出游需求的同时,也致使人员流动数量庞大、交通拥挤、住宿困难、黑心商户宰客、旅游安全隐患增大等一系列问题。到处是人山人海,这是中国人"黄金周"出游的普遍感受。因此,不断有专家呼吁要取消黄金周,合理配置假日资源。

后黄金周时代:弹性休假,增传统节日和小长假

2008年起,我国的公休假制度又一次变革,取消"五一"黄金周,改为三天短假期,同时相应地增加了清明、端午、中秋三个传统节日。这一调整直接改变了很多人的生活方式,尤其是清明祭祖、中秋团圆的三天小长假,对增进亲情交流、恢复民族传统等都功莫大焉。这几个节日通过与双休日的拼接,形成了三天小长假,加上春节和国庆节两个七天长假和双休日,全年总放假天数达到115天,也就是说一年中有近三分之一的休假期。

与此同时,带薪假期、探亲假也为越来越多的单位所重视。"弹性休假"既分流和缓解了"集中式休假"黄金周带来的资源和空间的紧张,又让人们的休闲方式日趋多元化。

近年来,随着慢生活理念的深入人心,更多的人开始把追求工作和生活的平衡当成人生理念,"身体和心灵总有一个在路上",把休闲减压融入到平时的周末当中,哪怕拍拍照、喝喝茶、逛逛街,都能收获满满的正能量。

(郁婷苈)

海峡两岸"大三通", 通向祖国统一梦

2008年12月15日,根据海峡两岸关系协会与海峡交流基金会台北会谈达成的协议,两岸海运直航、空运直航、直接通邮全面启动,大陆与台湾通邮、通商、通航的直接三通构想由此基本实现,正式宣告两岸"三通"(通邮、通商、通航,俗称大三通)时代来临。为了这一天,两岸人民经过了近60年的努力,也是中国人民在推动两岸和平发展,最终实现统一道路上迈出了重要的一步。

被海峡隔开的两岸

国家统一和民族团结是中国历史发展的主流,坚持统一,反对分裂,是中华民族的爱国主义传统。中国自古就是世界上少有的历史如此悠久的统一的多民族国家。近代中国遭受了帝国主义欺凌,许许多多不平等条约造成了国土分裂、民族隔离的状态。从此,收复失地、统一祖国成为近代中华民族的历史使命。台湾岛是中国第一大岛,面积三万六千平方千米。台湾自古以来就是中国的神圣领土,明代以来曾遭到西班牙、荷兰等殖民国家的侵略,中国人民奋起反抗有效地维护了国家主权。1894年的中日甲午战争,中国战败,第二年的《马关条约》逼迫清政府割让台湾给日本,台湾开始了被殖民统治的50年。1945年,第二次世界大战日本战败,宣告无条件投降,中国政府在台北举行驻台日军受降仪式，台湾重新回到祖国怀抱。1949年，国民党战败，从大陆退居台湾。由于政治的原因，加上美国等国家的干扰，从此一个台湾海峡隔断了两岸的交流，台湾和祖国大陆处于分离的状态。

新中国从来就没有停止过追求统一台湾的梦想，由于美国等国的阻挠及国际环境的变化，台湾终究没有和大陆统一，甚至连直航、直邮都无法实现，许许多多留在台湾的游子连寄封家书都成为奢侈的事情。随着世界和平环境的稳定，以及世界经济的发展，大陆与台湾这种隔绝状态影响了两岸经济的发展，造成了大量人力、物力、财力的浪费。同时由于时间的推移，许许多多台湾游子回家的梦想越来越强烈。

1979年，全国人大常委会发表了《告台湾同胞书》，其中提到："由于长期隔绝，大陆和台湾的同胞互不了解，对于双方造成各种不便。远居海外的许多侨胞都能回国观光，与家人团聚。为什么近在咫尺的大陆和台湾的同胞却不能自由来往呢？我们认为这种藩篱没有理由继续存在。我们希望双方尽快实现通航通邮，以利双方同胞直接接触，互通讯息，探亲访友，旅游参观，进行学术文化体育工艺观摩。"这是中国首次提出了两岸"三通"。两岸为实现三通开始了彼此的努力。

"三通"梦基本实现

经过两岸人民的不懈努力，30年的"三通"梦终于在2008年基本实现，这是两岸关系发展史上具有里程碑意义的大事，掀开了中华民族历史浓墨重彩的一页。根据《海峡两岸空运协议》，双方开通台湾海峡北线空中双向直达航路，两岸空中管制人员在时隔近60年后，实现首度直接交接，三通全面启动。两岸三通是大势所趋，也是两岸追求和平的结果。现在两岸关系发展迅速，两岸人民交流频繁，都感受到了实实在在的

实惠,台湾老兵寄到大陆的家书变得平常,台湾的水果不再是奢侈品,一次直飞台湾的旅游只需你背起行囊……方方面面无不体现三通之后给两岸人民带来的巨大改变。近日,国台办主任张志军作为大陆对台事务主管部门负责人自1949年之后首次踏上宝岛,实现了65年的跨越。然而"三通"的梦想已然实现,可是实现中华民族最终完全统一的梦想还未完成。民族振兴,国家统一是任何力量也阻挡不了的历史大趋势,五千年文明的历史告诉我们,中华民族必将归于统一。两岸人民都是中华民族,两岸经济表现出非常强的互补性,中华民族的伟大复兴也需要中华民族完成最终的统一。

我们知道统一的道路还很艰辛,还有很多未知的艰难险阻,然而统一的历史潮流不可逆转。在"和平统一,一国两制"构想的指导下,香港、澳门成功回归祖国的先例,我们有足够的理由相信,中华民族统一的梦想终究会实现。只要中华儿女共同努力,海峡关系一定能保持和平稳定发展,祖国完全统一的梦想一定能够早日实现。

(段春义)

港澳回归——
"一国两制"梦想的实践

港澳孤独漂泊的历史背景

记得十几年前有一首歌:"一百年前我眼睁睁地看你离去,一百年后我期待着你回到我这里。沧海变桑田,抹不去我对你的思念……"这是当年唱给香港的歌曲,表达了中国人民对于近代香港脱离祖国领土的思念。今天,香港、澳门都已经回到了祖国母亲的怀抱,并在祖国的怀抱中继续发展壮大,港澳成功回归是"一国两制"构想的成功实践,是实现祖国统一大业的重大成果,也是实现祖国完全统一的重要一步。

1840年的鸦片战争开启了中国步入半殖民地半封建社会泥潭的大门,1842年英国强迫清政府签订了中国近代史上第一个不平等条约《南京条约》,开启了列强瓜分中国领土的序幕。从那一时刻起,每一个中国人都有了一个梦想,收回丢失的每一份土地,实现祖国的完全统一。英国通过《南京条约》割占了香港岛;1860年的《北京条约》又将香港岛对岸的九龙司割走;1898年,又利用《展拓香港界址专条》强行租借新界。1845年,葡萄牙趁中国在鸦片战争中战败之机,单方面在澳门任命了自己的总督,并在1849年驱走中国官吏,强占了澳门;1887年葡萄牙强迫清政府签订了《中葡北京条约》,取得了对澳门的管治权。香港、澳门离开祖国母亲的怀抱开始了百年孤独的漂泊。实现祖国完全统一,是海内外中华儿女的共同心愿,也是中华民族的根本利益所在。新中国

成立后,中国共产党和中国政府始终不渝地致力于祖国完全统一大业,几代领导人都为之奋斗。毛泽东指出,国家的统一、人民的团结,是我们事业取得胜利的根本保证。邓小平进一步指出,凡是中华民族子孙,都希望中国统一,分裂状况是违背民族意志的。江泽民也重申,中国人民将坚定不移地完成祖国的统一大业,是中华儿女不可动摇的共同愿望和决心。胡锦涛强调,实现祖国的完全统一,是海内外中华儿女的共同心愿,是中国政府和人民不可动摇的意志和决心。习近平在十八大报告中也指出,全体中华儿女携手努力,就一定能在同心实现中华民族伟大复兴进程中完成祖国统一大业。

一步步完成祖国统一大业

新中国成立后,明确宣布不承认外国侵略者强加在中国人民头上的不平等条约,对于历史遗留下的问题将在条件成熟时通过谈判加以解决。十一届三中全会后,随着国际形势的变化和我国现代化建设的开展,和平解决香港和澳门问题趋于成熟。邓小平本来为解决台湾问题提出的"一国两制"构想,为和平解决香港、澳门问题指明了道路。

经过艰难的谈判,中英和中葡和平解决香港、澳门问题,分别于1984年和1987年签署《中英联合声明》、《中葡联合声明》,宣布中华人民共和国分别于1997年7月1日和1999年12月20日对香港和澳门恢复行使主权。1990年和1993

年又分别通过了《中华人民共和国香港特别行政区基本法》、《中华人民共和国澳门特别行政区基本法》。香港、澳门问题顺利解决。1997年7月1日和1999年12月20日的零时,香港、澳门的土地上,五星红旗冉冉升起,香港、澳门此刻终于回到祖国母亲的怀抱。港澳的回归雪洗了中华民族的百年国耻,标志着"一国两制"构想的巨大成功,在完成祖国统一的道路上迈出了重要的一步,也向世界人民展示了中国人民为世界和平、发展和进步做出的巨大贡献。"一国两制"的实践取得举世公认的成功,是几代中国人为了祖国统一的梦想不断奋斗努力的结果。

祖国完全统一的大业还没有完成,所有中华儿女为了这一梦想不断探索前进。香港、澳门的胜利回归及十多年稳步发展,充分证明了"和平统一,一国两制"的构想完全可以实现。祖国统一的道路上还有一个游子——台湾,早在1945年第二次世界大战日本战败,中国就收回了对台湾的主权,但是由于政治原因,台湾一直和大陆处于分离状态。香港、澳门的回归,"一国两制"的巨大成功,对于台湾问题我们看到了希望,祖国的完全统一在全体中华儿女的共同努力下一定能够实现。

(段春义)

用汗水催开城市之花

城乡二元户籍制度

在《红楼梦》第6回中，身处乡间的刘姥姥一进荣国府，面对贾府的富贵气象被惊呆了："身子就像在云端里一般。满屋子的东西都耀眼争光，使人头晕目眩……此时只有咂嘴念佛而已。"抛开更深层次的原因不说，刘姥姥之所以深受震撼，最表观的因素在于城市和乡间存在巨大的差别。

城乡差别自古有之，当前亦然。1958年，我国确立了城乡二元户籍制度，它背后承载的劳动就业制度、医疗保健制度，以及在接受教育、转业安置等方面所衍生出的许多具体规定，整体构成了一个利益向城市人口倾斜、包含社会生活多个领域、措施配套、组织严密的体系。这对限制农村人口流入城市提供了详细的制度安排，由此带来了延续至今的城乡在发展程度上的差别。

初到中国的外国友人，看到北京、上海等大城市的繁华景象后，认为中国拥有现代化的城市、完善的基础设施、较高的生活水平，是一个发达国家；而当他们深入了解了我国西部等欠发达地区，特别是了解了部分农村地区的发展状态

后，会深刻地感受到中国还是一个发展中国家。这种城市和乡村的差异现象已经成了我国经济、社会发展的阻滞。

农民工流动就业

城市是人类文明的标志,是经济、政治和社会生活的中心。人口城市化的程度是衡量一个国家和地区经济、文化、科技水平,社会组织程度和管理水平的重要标志。人口城市化是人类进步的必经之路,只有经过了城市化的洗礼,人类才能迈向更为辉煌的时代。

我国改革开放三十多年来,随着经济的持续快速发展,城市化发展也取得了很大的进步。据统计,1978年我国的城镇化率仅为17.9%,而据《中国城市发展报告》2012卷显示,截至2012年年底,我国城镇化率已达52.57%,这意味着目前全国超过一半的人口居住在城镇中。在增加的居住人口中,其主体就是农民工。

城市化进程需要人口流动。农民工流动就业是我国在特定历史背景下伴随城市化进程而出现的一个社会现象。自20世纪80年代以来,亿万农村劳动力开始实现大规模跨地区流动,他们成了城市建设与繁荣的主力军,承担了大量艰苦的工作。在包括建筑、制造、餐饮、服务等各个行业中,在遍及大街小巷的各个角落,农民工融入了城市的方方面面,他们像城市的血液和润滑剂,维持着城市的正常运转。

农民工的汗水使城市之花更美丽

在今天,每个城市居民日常生活的大部分内容都与农民工的劳动密切相关。从住宅、办公场所、出行交通工具的建设,到各种家政服务……中国城市的跨越式发展,其根本性的原因之一就在于源源不断地从广袤的农村流动出了最年轻、最富活力、最有创意的农民工。他们的辛勤和汗水使得城市之花绽放得更美丽。

"摘下你的帽子,请看看产地是哪里!"一家美国电视台曾在街头做了一次随机抽样调查,10个美国人中有9个回答说:"Made in China(中国制造)。"谈起"中国制造",全球的人们都会为之惊叹,而"中国制造"在相当大程度上是以广大农民工为主体的亿万产业工人的成就。他们用自己创造的产品和价值影响了世界各个角落,推动了我国经济的腾飞。2009年和2010年,中国产业工人作为一个群体,连续两年入选美国《时代》周刊年度人物,登上著名财经杂志《财智》当年"全球最具影响力人物"排行榜,被誉为"世界经济最强大的力量之一"。

在推动我国经济腾飞的同时,许多优秀的农民工也逐步体现了自身的价值,展现了自己的风采。他们中有的以发明创造而荣获"国家科技进步二等奖",有的获评为全国劳动模范,有的被授予"五一劳动奖章"、"全国创先争优优秀共产党员"荣誉称号。在2011年春节联欢晚会上,两位农民工歌手组合"旭日阳刚"以一曲《春天里》深深地震撼了国人,透过那质朴、沧桑、沉郁的歌声,人们深深感受到了农民工这个特殊群体对艰难处境的不屈和对梦想的执著追求。

2012年9月29日,我国第一家农民工博物馆在广州开馆。馆里陈列的形形色色的暂住证、各式各样的就业证、锈迹斑驳的机器、陈旧的工衣制服等唤起了人们的记忆。它们提示人们去了解、铭记这段历史。这些物品所展现的不仅是农民工这个特殊群体的生活印记,在它们的背后,记载的是一段改革开放的不凡历程,是一种不屈的精神,是中国人民在实现中国梦之路上的艰难而稳健的步履。

(隋淑光)

社会大发展

志愿者放光彩

在举世瞩目的2008年北京奥运会开幕后第三天,一位英国记者在自己的博客里这样描述自己所受到的服务:"来北京这几天,我还从未用自己的手开过门……"

在这句话的背后是志愿者所付出的心血和辛劳。在一定程度上,也正是因为这种付出,国际奥委会主席罗格先生对北京奥运会给予了"无与伦比"的评价。

志愿者服务步步深入

中国的志愿者服务起步于20世纪80年代末期。"文化大革命"结束之初,国人面临物质生活和社会公德双重匮乏的窘境。随后中国踏上改革开放的征程,国门开启,商品经济的大潮汹涌澎湃。当时,在位于改革开放前沿的广州、深圳,一批热心青年借鉴香港、澳门的公益服务形式,结合对"学雷锋,做好事"的改进,催生了"志愿服务"的萌芽。1987年,广州市诞生全国第一条志愿者服务热线——"中学生心声";1990年,深圳市诞生全国第一个正式注册的志愿者社团——"深圳市义务工作者联合会"……虽然当时他们力量单薄、社会影响

力有限，但他们仍然奋力前行，推动了商品经济社会中的新型友善互助风尚。

此后，中国志愿者行动步入了持续发展和深化阶段。1994年，在共青团中央的发起和推动下，中国青年志愿者协会成立，并在接下来几年的时间内，依托各级共青团组织，建立起全国、省、市、县四级青年志愿者协会。这期间民政系统推动的社区志愿服务和中国红十字会推动的专业志愿服务也在发展。2006年，《中共中央关于构建社会主义和谐社会若干重大问题的决定》中提出了"建立社会志愿服务体系"；2007年，党的十七大报告中提出了"完善社会志愿服务体系"。

2008年被称为"中国志愿服务元年"。从这一年到2010年，接踵而来的"5·12汶川地震"、"北京奥运会"、"上海世博会"三件大事，给予了中国志愿者足够的砥砺，使他们迅速成长，也为他们展现风采提供了无与伦比的舞台。

志愿者大放光彩

在"5·12汶川地震"救援中，中国历史上第一次出现了大规模的志愿者参与救灾的行动。深入灾区的国内外志愿者队伍达300万人以上，在后方参与抗震救灾的志愿者人数达1000万以上。他们中有教授、医生、律师、董事长、农民工、学生……但共同的名字是志愿者。正如在相关报道中所说的"这是人道主义、人性光芒的一次井喷，也是公民责任、道德意识的一次觉醒……汶川地震震裂了大地、震坍了房屋，却修复了社会的道德裂痕，竖起了国民的人性丰碑……"外媒曾经以"中国原来是这样的"来表达他们对中国志愿者的赞许与惊叹。

"5·12汶川地震"后几个月，人们在悲欣交集中迎来了

"北京奥运会"。在开幕式上,众多志愿者在一个多小时的运动员入场环节不间断地欢呼、跳跃、舞蹈,这一场景深深地震撼了世界。

北京奥运会志愿者的标志是心心相扣的心形,象征志愿者与运动员及奥林匹克大家庭和所有宾客心连着心,用心服务、奉献爱心,为奥林匹克运动增添光彩。舞动的人形,展现了以奉献为乐的志愿者的精神。此次奥运会志愿者人数达到170万人,创下历届奥运会之最。他们以饱满的热情、微笑的面庞、全身心的投入,为来自世界各国的人们提供了周到的服务。他们通过一言一行向所有人传递着中国人友好、热情、开放和自信的风采。

正如国际奥委会主席罗格曾在奥运会开幕式致辞中说的那样:"当我们把奥林匹克梦想变成现实之时……我们还要特别感谢成千上万、无私奉献的志愿者们,没有他们,这一切都不可能实现。"他认为,北京奥运会志愿者的工作将极大地推动奥林匹克价值观的传播。

在2010年上海世博会上,身着绿、白色相间的志愿者服装的"小白菜"们成了一道亮丽的风景线。他们四处奔忙,分发地图、指引线路、维持秩序……一次次感动着一批又一批的参观者。此次世博会在园区内有79 965名志愿者,共分13批次向游客提供了129万班次、1000万小时、约4.6亿人次的服务。如果加上园区外的志愿者,总人数超过200万人。根据中国青年报社会调查中心的在线调查显示,提到世博会上的青年,公众印象最深的首先就是"世博志愿者"(59.5%)。而"小白菜"也是记者们笔下出现频率最多的名词之一。

在"5·12汶川地震"救援行动结束后,中国志愿者谢绝了当地要为他们立碑的提议:"将立碑的钱省下来重建家园吧,我们不需要鲜花和掌声。"他们的行动向世界表达了这样一种清醒的理念:志愿者并不是为了换取荣誉,也不是值得炫耀的英雄主义,而是淡泊名利、大爱无疆的自觉追求。付出的理由非常简单,也许就像一位无名的志愿者曾经说的:"因为我有快乐的童年,所以我希望所有的童年都快乐。"

党的十八大报告中指出:"加强社会建设,推进社会管理创新,将志愿者力量创新性引入社区建设。"这是在历届报告中,首次将志愿者这一群体单独列出来,彰显其正作为一支越来越重要的力量融入追逐中国梦的大格局中来。

(隋淑光)

日新月异的科技

载人航天：梦想照进太空世界

在我国，自古以来就有"嫦娥奔月"的美丽神话，"飞天"是中华民族的久远梦想。为了实现中华民族长久以来的航天梦，1992年，我国开始实施载人航天工程，从此开启了中国载人航天进军宇宙太空的宏伟蓝图。

"神舟一号"到"神舟四号"：
奋勇攀登，实现天地往返重大突破

中国载人航天计划中发射的第一艘无人实验飞船"神舟一号"于1999年11月20日凌晨，在酒泉卫星发射中心顺利升空，经过21小时的飞行后顺利返回地面。作为中国航天史上的一个里程碑，"神舟一号"试验飞船的成功发射与回收，标志着中国载人航天技术获得了新的重大突破。

紧接着，中国第二艘无人飞船"神舟二号"于2001年1月10日在酒泉卫星发射中心发射。与"神舟一号"相比，"神舟二号"飞船才是我国第一艘按载人要求系统配置的正样飞船，它由轨道舱、返回舱和推进舱三个舱段组成。飞船按预定计划，在太空飞行了7天。它的发射完全是按照载人飞船的环境和条件进行的，凡是与航天员生命保障有关的设备，基本上都采用了真实件。

在飞船前两次运行良好的基础上，2002年3月25日，搭载了人体代谢模拟装置、拟人生理信号设备及形体假人的"神舟三号"飞船发射升空。"神舟三号"飞船能够定量模拟航天员呼吸和血液循环等重要生理活动参数。与"神舟二号"相比,"神舟三号"飞船的发射,在运载火箭、飞船和发射测控系统上,采用了许多新的先进技术,进一步提高了载人航天的安全性和可靠性。

2002年12月,"神舟四号"在经受了-29℃低温的考验后,于30日成功发射,突破了中国低温发射的历史纪录。2003年1月5日,飞船安全返回并完成所有预定试验内容。飞行中,飞船相继完成了对地观测、材料科学、生命科学实验、空间天文和空间环境探测等任务。

"神舟五号"到"神舟七号": 载人上天,航天员遨游太空

随着"神舟五号"在2003年10月15日成功发射,中国首位航天员杨利伟成为浩瀚太空的第一位中国访客。在起飞21小时后,"神舟五号"顺利降落在内蒙古大草原上,中华民族终于实现了千年的"飞天"之梦,也结束了太空中没有中国人足迹的历史,开创了中国一个崭新的航天时代。

2005年10月12—17日,我国成功进行了第二次载人航天飞行,费俊龙和聂海胜踏雪出征,这也是第一次将两名航天员同时送上太空。他们乘坐"神舟六号"飞船遨游太空5天5夜,首次实现我国多人多天飞行任务,出色地完成了我国第一次真正意义上有人参与的空间科学试验。

如果说"神舟五号"首次载人实现了中华民族在太空中飞行的梦想,"神舟七号"意味着中国人开始在太空中漫步了。2008年9月25日,全世界的目光再一次聚焦大漠深处的酒泉卫星发射中心,17时35分,航天员翟志刚、刘伯明、景海鹏奉命出征中国人首次出舱活动。这是一次开创中国航天新纪元的漫步,这是航天员翟志刚的一小步,但却是中国人和平利用太空

的一大步。

"神舟八号"到"神舟十号"：持续发力，空间技术日臻成熟

承载着首次实施交会对接任务的"神舟八号"飞船于2011年11月1日在酒泉卫星发射中心发射升空。11月3日凌晨"神舟八号"与此前发射的"天宫一号"目标飞行器进行了空间交会对接，组成一座小型的低地轨道"空间实验室"。"神舟八号"和"天宫一号"紧紧连接成一个组合体，以优美的姿态飞行在茫茫太空中。组合体运行12天后，"神舟八号"飞船脱离"天宫一号"并再次与之进行交会对接试验，标志着我国已经成功突破了空间交会对接及组合体运行等一系列关键技术。

在七个月之后，"神舟九号"飞船，搭载两名男航天员景海鹏、刘旺以及一名女航天员刘洋在2012年6月16日发射，与"天宫一号"实现了人控交会对接，标志着中国人已具备了向在轨航天器进行人员输送和物资补给的能力。天地往返、出舱活动、交会对接……随着完整掌握载人航天三大关

键技术,标志着中国进入空间站时代。

仅仅过了一年,"神舟十号"又于2013年6月11日发射起飞,"神舟十号"飞船搭载聂海胜、张晓光、王亚平三位航天员飞向太空,在太空飞行15天,其中驻留"天宫一号"12天,并首次开展我国航天员太空授课活动。与"天宫一号"目标飞行器进行自动和手动交会对接,开展载人系统的天地运输往返首次应用性飞行。

情牵神舟,梦圆太空。从无人飞行到载人飞行,从一人一天到多人多天,从太空行走到交会对接,从单船飞行到组合体稳定运行,从天地对话到太空授课……载人航天工程的每一次跨越,都是中国追求航天强国的矢志不渝的梦想,都响彻着我们国家追求科技进步的时代强音。

(姚东)

"蛟龙号"点亮深海梦

计划启动

海洋是地球生命的摇篮，大洋深处孕育着无穷奥秘和丰富资源，人类探索海洋的渴望和努力从未停歇。古语说，"涉浅水者见鱼虾，入深水者见蛟龙"。自古以来，中国人就有着探寻深海奥秘的梦想。如今，这个梦想正在通过"蛟龙号"载人深潜器一步步照进现实。

海洋科考离不开高科技手段支撑，离不开尖端装备支持。中国载人深潜器，从20世纪70年代与外国合作开始，一步一个脚印地发展。为推动中国深海运载技术发展，为中国大洋国际海底资源调查和科学研究提供重要高技术装备，同时为中国深海勘探、海底作业研发共性技术，中国科技部于2002年将深海载人潜水器研制列为国家高技术研究发展计划(863计划)重大专项，启动"蛟龙号"载人深潜器的自行设计、自主集成研制工作。

可喜的成绩

从2009年到2012年，"蛟龙号"先后完成了3000米、5000米、7000米试潜。最深的下潜深度定格在了7062.68米，达到了它的最大设计下潜深度，理论上它的工作范围可覆盖全球99.8%的海洋区域。

以7000米级试潜为例，2012年6月3日，"蛟龙号"是由母船"向阳红09号"运载，从江苏江阴起程，至太平洋马里亚纳海沟南部海域试验区。7000米海试并不是一蹴而就，之前需要通过3到5次的5000米和6000米的下潜准备。"蛟龙号"由缆绳吊着从母船放入水中，当它入水后，"蛙人"乘坐橡皮艇将缆绳解开，使其与母船完全脱离，双方无任何线缆或是遥控连接。"蛟龙号"是无动力自主下沉与上浮，它完全自主、独立运行。在下潜试验前，现场工作人员都要测海底作业区的海水密度，确定"蛟龙号"需要搭载多少重量的压载铁。由于有压载铁，潜器为负浮力，进入海水中后开始下沉。到一定深度后，潜器根据作业需要抛掉部分压载铁，以使潜器的比重最大程度接近海水密度，减少螺旋桨的工作压力。

母船与潜器之间可以通过水声通讯机进行语音通话，潜器的各种信息可以传输回母船，如深度、电池容量、舱内氧气和温度等，但由于声传输的速度较慢，会出现一定的时间差。"蛟龙号"坐底后，潜航员操作潜器进行标志物布防、沉积物采样和海底微型地貌勘测等。比如通过操作机械手，取水样、海底样本、生物样本等，当然作业工具、采样篮、存放箱此前已准备好。这些取样带回来后供科学家研究。

在完成所有作业后，潜航员操作再次抛掉压载铁，潜器变为正浮力，开始上升。压载铁放在潜器两侧的位置，每次下潜实验前才根据需要安装压载铁。当然，"蛟龙号"能够顺利出水，还是要依赖于布在母船上的完备的水面支持系统，即尾部那个巨大的A字形橘红色起重臂，专门负责将"蛟龙号"布放入海或从海中回收。

我国成为世界上除美国、日本、法国、俄罗斯四个国家外第五个拥有深水潜水器的国家。"蛟龙号"可以用来运载科学家和工程技术人员进入深海，进行各种海洋科学考察；另外，其自身具备深海探矿、海底高精度地形测量、可疑物探测与捕

获、深海生物考察等功能，它可执行水下设备定点布放、海底电缆和管道的检测，完成其他深海探询及打捞等各种复杂作业。

打造深海空间站

从2013年起，"蛟龙号"载人潜水器进入试验性应用阶段。与此同时为"蛟龙"建个"龙宫"的工作也正在展开，所谓的"龙宫"即深海空间站。深海移动工作站将主要用于进行海洋科学探索，被誉为海洋里的"天宫一号"。该工作站计划"十二五"期间研制完成。它可以长周期、全天候地在1000米以下的深海进行作业，成为开发利用深海资源、开展深海科学研究的有力平台。

由于中国的深潜研究相比国外要晚半个世纪，"蛟龙号"已经取得比较好的成绩，但其目前的下潜深度是在与他国三四十年前的成绩做比较，而且优势也不算明显，"蛟龙号"只是深潜实验，而且是初试水，技术还没完全成熟，接下来水下时长及稳定性的考验还等待着我们。中国深海梦的最终实现需要不懈的探索，中国深潜研究仍然任重而道远。

（许璇）

在极地和珠峰放飞梦想

南极科考

南极、北极与珠穆朗玛峰（简称"珠峰"）代表了地球的三个极限：最北端、最南端和海拔最高点，它们并称为"地球的三极"。从20世纪80年代起，我国科研人员和登山队员不断挑战极地莫测风云，向自身极限冲锋，做出了不凡的贡献。

南极大陆是地球上受人类活动影响最少的陆地，那里储存着丰富的自然资源、大量的地球环境和宇宙来物信息。极为纯洁的自然环境，是南极地区得天独厚的条件。因而研究全球环境变化必须以南极地区环境为基准点。南极地区上空臭氧空洞的成因及其对人类和自然界的危害等，也是科学家关注的重点。

　　我国的南极科学考察活动始于20世纪80年代初。1980年1月，中国首次派出科学家赴澳大利亚的南极凯西站，参加南极考察活动，揭开了中国极地考察事业的序幕。1984年11月，我国首次派出了国家南极考察队；1985年2月，考察队在西南极洲南设得兰群岛乔治王岛上建成了中国第一个南极考察基地——中国南极长城站，从而使中国南极考察事业发展到一个新的阶段。

　　1988年11月，我国首支东南极考察队踏上征途，并于次年的2月26日在东南极大陆拉斯曼丘陵上建成我国第二个南极科学考察基地——中山站。此后我国以这两个站为依托开展了一系列考察，并取得了卓越的成就。比如说，1998年中国首次开展对南极格罗夫山的考察，第一次从这一地区带回陨石样品；2005年1月中国科考队全球首次登上南极内陆冰盖最高点。

　　2009年1月，中国南极科考又迎来了一个值得纪念的日子：中国第25次南极科学考察队在南极内陆最高点冰穹A地区建成中国首个南极内陆科考站——昆仑站。2013年11月7日，中国南极科考队乘着焕然一新的"雪龙号"船再次起航，第30次奔赴那片神秘大陆。经过28人53天的奋战，在2014年2月8日建成南极泰山站。这是我国在南极建成的第4个科学考察站。

北极科考

　　与南极不同的是，由于我国位于北半球，所以北极系统对我国的气候、环境、生态，甚至社会生活的影响比南极大得多，也直接得多。从这个角度上看，我国开展北极考察具有现实与长远、民族与全人类的双重意义。在1999年、2003年、2008年、2010年、2012年，我国先后组织了5次北极科学考察。

　　1999年，中国首次北极科学考察历时71天，总航程14180海里，圆满地完成了各项预定科学考察任务。2004年7月28日，中国首座北极考察站——黄河站落成。2008年，我国圆满完成了对北极地区的第3次综合科学考察任务。此次科学考察首次开展了地球物理调查，完成磁力测量870千米，重力测量7340千米，弥补了中国在这一调查领域的空白。

在2010年进行的中国第4次北极科学考察，紧紧围绕着北极海冰快速变化及其北极海洋生态系统对海冰快速变化的响应两大科学目标，共完成135个海洋站位的综合调查、1个"长期冰站"的海冰气综合考察和8个"短期冰站"的考察、1个北极点站位的观测，考察范围涵盖白令海、白令海峡、楚科奇海、加拿大海盆、门捷列夫海脊、弗莱彻深海平原海域、北极点等海域，南北纵贯2300海里，东西横跨1100海里。

2012年7月2日至9月27日，中国北极科考队开展了对北极地区的第五次综合科学考察。此次科学考察不仅在很多考察学科和内容上实现了新突破，还首次实现了中国北极科考史上的北极亚北极五大区域准同步考察。而第5次科学考察的征衣未解，在2014年7月，我国健儿又踏上了第6次北极科学考察的征程。

攀登珠峰

横亘于青藏高原的喜马拉雅山脉高峰耸立，而海拔为8844.43米的珠穆朗玛峰是群峰之冠。巧合的是，作为海拔最高点的地球第三极，"珠穆朗玛"的藏语含义为"神女第三"，因此它也被称为"第三女神"。珠峰向来被视为生命的禁区，珠峰探险不仅象征着人类追求最高、最强、最好的精神，而且对于了解高山高原气候具有重要的意义。

1960年5月25日，北京时间凌晨4点20分，我国登山运动员贡布和王富州、屈银华首次成功登顶珠峰，在世界登山史上创造了从北坡攀登的伟大壮举。此后我国科研人员和运动员先后于1975年、1988年、1990年、1993年、1996年、1999年、2007年等多次成功攀登珠峰，并创下了多项世界纪录。截至2013

年，中国共有64人（56男8女）成功登顶。

更令人欢欣鼓舞的是，在2008年5月8日，北京奥运火炬接力珠峰传递中国登山队成功登上珠峰之巅，首次实现了奥运圣火在世界之巅的传递。9日晚，此次登上珠峰的奥运火种点燃了高原圣火台，熊熊圣火和洁白的哈达交相辉映。这既充分展示了中华儿女自强不息、奋发图强的精神面貌，更深刻诠释了奥林匹克运动"更快、更高、更强"的目标。

极地科考和珠峰探险是人类探索自然奥秘、探求新发展空间的重要领域，在一系列光辉业绩的背后是我国科研人员和运动健儿奋力前行的身影，他们付出的是心血、健康，甚至生命。惟其艰难，才更显勇毅；惟其笃行，才弥足珍贵。

（隋淑光）

杂交水稻：播下梦想的种子

粮食的匮乏曾经一直困扰和折磨着中国人。从《诗经》感叹的"天降丧乱，饥馑荐臻"，到宋诗《梦蝗》所写的"万生未死饥饿间"，如何解决好吃饭问题，一直是中国人长久以来追求的目标之一。这也是世界上其他国家的有识之士苦苦思索的一道难题。随着1973年，中国"杂交水稻"的问世，这一世界范围内的难题开始得以破解。

一粒小小的种子改变了我们的生活

水稻作为主要农作物，在世界上120多个国家和地区广泛种植，全球一半以上的人口以水稻为主食。但水稻亩产有限，粮食的匮乏在一定程度上成为全球最急迫的难题。

20世纪60年代，为提高粮食产量，中国就开始对杂交水稻进行研究。1964年，袁隆平在水稻中发现天然雄性不育株，并在国内首次发表了《水稻的雄性不育性》的论文，开创了我国籼型杂交稻的研究。

在接下来的探索中，袁隆平提出了利用"远缘的野生稻与栽培稻杂交"的新设想。1973年，我国籼型杂交水稻实现了"三系"配套成功，1976年籼型杂交稻在全国又进行大面积推广应用。1986年袁隆平提出杂交水稻的育种从"三系"到"两系"再到一系的方向发展。1996年，我国超级稻研究计划启动，并于2000年和2004年实现了超级杂交稻亩产700千克的第一期育种目标和亩产800千克的第二期育种目标。这些成果在世界上曾被称为中国的"第五大发明"。目前,中国杂交水稻已在世界上30多个国家和地区进行研究和推广,并被誉为"东方魔稻"、"巨人稻"、"瀑布稻"等美称。

2005年年底,联合国世界粮食计划署在北京正式宣布从2006年起停止对华粮食援助。这标志着中国26年的粮食受捐赠历史画上了句号,并开始成为一个重要的援助捐赠国。中国以占世界不到10%的耕地养活了占世界20%多的人口,其中杂交水稻立下了汗马功劳。

"杂交水稻之父"和他的科研团队

袁隆平,被誉为"杂交水稻之父",联合国粮农组织首席顾问,2006年4月当选美国科学院外籍院士。他率领的科研团队开启了杂交水稻王国的大门,在数年的时间内就解决了10多亿人的吃饭问题,有力回答了世界"谁来养活中国"的疑问。正如美国著名农业经济学家帕尔伯格所言:袁隆平把西方国家远远甩到了后面,为中国争取到了宝贵的时间,并将引导中国和世界过上不再饥饿的美好生活。

袁隆平因对杂交水稻的杰出贡献于2001年获我国首届国家最高科学技术奖、2004年获世界粮食奖和以色列"沃尔夫奖"等16项国内和国际大奖。1981年,袁隆平被授予新中国第一个、迄今为止唯一一个国家特等发明奖。1982年,国际水稻研究所学术会首次公认:中国科学家袁隆平为世界"杂交水稻之父"。

袁隆平对科研有自己的真知灼见,他说:"艺术创作要有灵感,灵感来了,一首曲子哗哗哗就流出来了。我们科研也有灵感,一定不能害怕失败,恰恰在失败中会产生灵感的火花。""山外青山楼外楼,自然探秘永无休,成功易使人陶醉,莫把百尺当尽头。"这是挂在袁隆平家里的一首诗,这首诗也是他和他的科研团队精神的体现。

走出国门，造福世界

1980年和1981年，我国的杂交水稻技术先后转让给美国圆环种子公司和卡捷尔公司。这是我国第一个转让国外的农业专利技术。从此，杂交水稻技术走出了国门，开始向世界传播。

联合国粮农组织已将推广杂交水稻列为解决发展中国家粮食短缺问题的首选措施，并在全球累计推广播种50多亿亩，增产粮食5亿多吨。

为帮助发展中国家掌握和应用杂交水稻技术，截至目前，中国政府为50多个国家举办了近30期杂交水稻技术培训班，共培训2000多名政府官员和技术人员；在菲律宾、利比里亚、喀麦隆、多哥等国援建了以杂交水稻种植为内容的农业技术示范中心。

从1979年首次走出国门、在美国开花结果开始，目前中国杂交水稻已在世界上30多个国家和地区进行研究和推广，种植面积达到150万公顷。杂交水稻不仅解决了中国人的吃饭问题，还对世界减少饥饿做出了卓越的贡献。

（姚东）

王选的方正人生

英明的抉择

北宋的毕昇发明的活字印刷术，被誉为中国古代的四大发明之一。20世纪70年代，随着科技进步，电子、光学和计算机技术迅速发展，西方国家印刷技术发生了革命性变革，结束了活字印刷术的历史，使用了先进的激光照排技术。但是，当时中国的印刷技术仍然停留在传统的铅印阶段，印刷效率和印刷质量，都远远落后于采用激光照排技术的国家。

世界上第一台照排机于1946年在美国问世，是"手动式"的。20世纪50年代，美国又研制出"光学机械式"二代机。1965年德国推出"阴极射线管"三代机。1975年英国研制的"激光照排"四代机问世。我国当时正在研制激光照排系统二代机和三代机。王选认为，我们不能再搞二代机，也不能搞三代机，应该直接研制西方国家还没有的产品第四代激光照排系统。

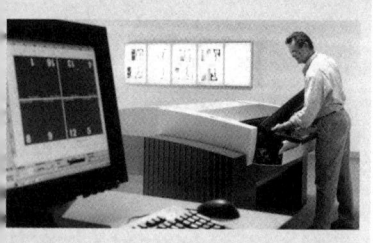

投身"汉字激光照排"技术的研究

　　1975年，王选开始了对"汉字激光照排"项目技术的研究。王选几乎放弃所有的节假日，一心扑在研究工作上。汉字字模的组合高达100万个以上，如果采用传统的点阵汉字，储存量将高达200亿位。经过几个月的呕心沥血，王选终于想出了用数学方法计算汉字轮廓曲率的方法，通过这种方法，可以让庞大的汉字字模减少到1/500。这一关键的步骤，为研制汉字精密照排系统扫清了最大的障碍。1976年6月，王选方案完成了模拟实验，获得了一致好评。同年9月，汉字精密照排系统研制任务，正式下达给了王选所在的北京大学。

　　经过三年多的艰辛研发，1979年7月27日，王选团队研发的汉字精密照排系统的第一台样机调试完毕。这台激光照排机上成功输出了印有精美字形、字体、花边、图案的胶片。1980年，支持这套系统的电脑软件，包括具有编辑、校对功能的软件也先后研制成功，并排印出第一本样书。西方国家用了40年的时间才从第一代照排机发展到第四代照排系统。而我国却从落后的铅字排版一步就跨进了最先进的技术领域。

　　1981年7月，中国第一台计算机激光汉字排版系统原理性样机通过国家部

级鉴定。之后，王选和他的团队完成了从实验型到实用型激光照排机的研发。王选团队研发出的激光照排系统被命名为华光电子排版系统。1985年，新华社第一次采用华光机排出了新闻日刊；1986年，《经济日报》在华光机支持下，成为全世界第一家采用屏幕组版、激光照排的中文日报社；1987年5月22日，《经济日报》出版了世界上第一张完全采用计算机屏幕组版、整版激光输出的中文报纸。

对市场的非凡洞察力

王选不仅对科研有非常敏锐的判断力，而且对市场也有非凡的洞察力。1981年王选在成功研制出我国第一台计算机激光汉字照排系统时，他就提出要把科技成果转化成生产力。他说："如果不把研究的成果商品化，相当于白研究。"

1986年，北大方正成立。王选提出将北京大学直接作为生产单位参与激光照排系统的开发生产，参与王选发明的激光汉字照排系统的开发与生产，把科研成果变成产品，推向市场。同年，王选发明的汉字激光照排系统订货款额突破一亿元大关，为方正集团的发展奠定了良好的基础。

1987年10月，王选教授荣获中国首届毕昇奖和森泽信夫印刷奖、国家科技进步一等奖。

从1990年到1994年，在王选及一批年轻科研工作者和管理者的努力下，报纸远程传版技术、彩色桌面出版系统、新闻采编流程计算机管理系统，以及符合国际开放潮流的新一代软、硬件系统先后问世。之后，方正集团又进军国际西文市场，将具有自主知识产权的核心技术销售给国际著名厂商。王选提出"顶天立地"的高新技术企业发展模式，积极倡导技术与市场的结合，在王选的带领下，方正集团闯出了一条产学研一体化的成功道路，成为我国利用高新技术改造传统行业的典范。

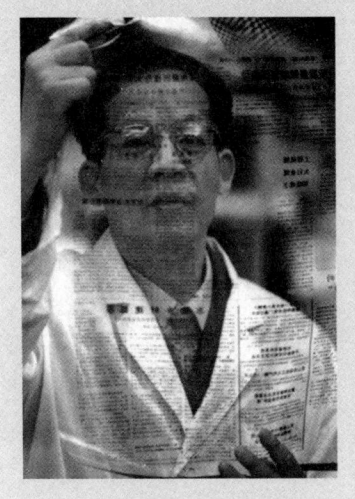

王选积极倡导团队精神，培养和造就了一大批年轻的学术骨干。1993年，王选主动表示自己的创造高峰已经过去，今后的任务是培养年轻人。王选想方设法为发挥研究人员的潜能创造机会，给他们创造充分实现自我价值的舞台。王选毅然退出了科研第一线，把那些有才华、有潜力、尚未成名的"小人物"推上了重要的科研岗位。

王选胸怀科技报国的梦想，忘我工作，无私奉献，研发出的汉字激光照排系统使中国印刷业彻底告别了"铅与火"；在王选的带领下，方正集团以新兴的印刷技术为核心，跻身中国500家最大工业企业行列；王选以提携后学为己任，培养和造就了一大批年轻的学术骨干，堪称当代中国知识分子的杰出代表。

（白璇煜）

锐不可当的互联网

提起互联网，你会想到什么？是上网、网游、网络电影、电视，是电子邮件、老师网上布置的作业、远程课堂，还是QQ、百度云、淘宝、微博、微信？的确，互联网发展到今天，已和我们每一天的生活都密不可分。

互联网发展简史

你知道互联网是怎么发展到今天这样的吗？第一封电子邮件又是何时从中国发出的？

追根溯源，互联网（Internet）是计算机交互网络的简称，又称网间网。它是利用通信设备和线路将全世界不同地理位置的功能相对独立的数以千万计的计算机系统互连起来，以功能完善的网络软件（网络通信协议、网络操作系统等）实现网络资源共享和信息交换的数据通信网。当然，只用计算机网络来描述今天的互联网其实是不恰当的。计算机网络仅仅是传输信息的媒介，而互联网发展到今天，已经远远超出了传输和提供信息的范围。

早期互联网的发展经过了军用—民用—向全社会开放及

商业化的过程。1969年，军用网络ARPANet（阿帕网）在美国投入使用，成为现代计算机网络诞生的标志。1983年，美国国家科学基金会（National Science Foundation简称NSF）建立了NSFNet，使互联网向全社会开放。而互联网的真正的飞跃发展要归功于它的商业化。1995年是全球互联网商业化的发轫之年。这一年网景公司上市，打开了人们关于互联网公司的种种商业想象；这一年微软公司发布了Windows 95，提供了利用和研究底层技术平台的可能。商业机构很快发掘了互联网在通信、资料检索、客户服务等方面的巨大潜力，带来了互联网发展史上的一个新的飞跃。

而互联网在中国的发展始于1986年，起初几年仅限于为少数高校和研究机构提供电子邮件服务。1986年，北京市计算机应用技术研究所与德国卡尔斯鲁厄大学合作启动了中国第一个国际联网项目——中国学术网（Chinese Academic Network，简称CANET）。1987年9月14日21时07分，北京市计算机应用技术研究所向德方发送了内容为"Across the Great Wall, We can reach every corner in the world"（跨越长城走向世界）的电子邮件，揭开了中国人使用互联网的序幕。

直到1994年，中国才开始了互联网的全功能服务。1994年7月初，由清华大学等六所高校建设的"中国教育和科研计算机网"试验网开通，成为运行

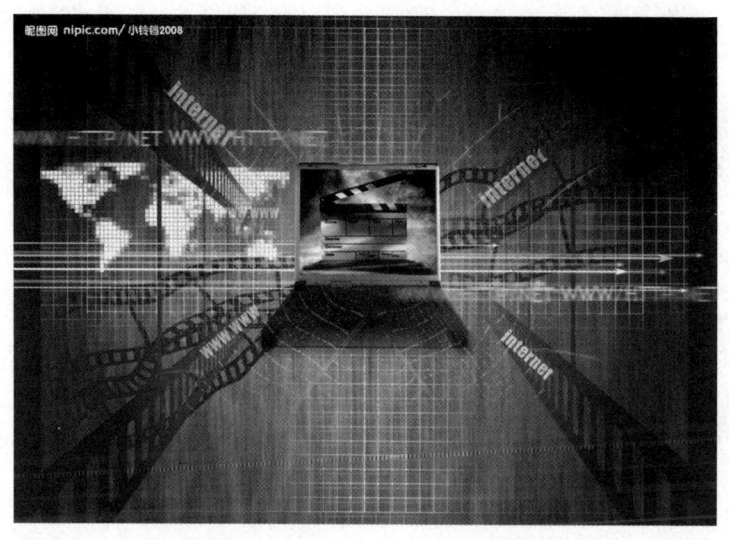

TCP/IP协议的计算机互联网络。当时的目标,是利用先进实用的计算机技术和网络通信技术,实现校园间的计算机联网和信息资源共享,并与国际学术计算机网络互联,建立功能齐全的网络管理系统。这一年中国在国际上被正式承认为有互联网的国家。

神奇的互联网

互联网是人类历史发展中的一个伟大的里程碑,它正在对人类社会的文明悄悄地起着越来越大的作用。1995年,互联网在美国投入商用,而当时也正是中国经济改革迅速推进的时期。在这样的背景下,互联网的诞生和商业化,给中国提供了用互联网连接并追赶世界的机会。中国涌现了一群时代的弄潮儿,马化腾、张朝阳、马云、陈天桥、李彦宏、史玉柱、雷军……他们通过发展互联网推进中国的改革开放,用世界通行的语言与外界沟通。

经过近20年的发展，互联网正以锐不可当的力量和速度颠覆着传统，改变着世界，改变着我们的生活和我们的思维。当我们打开浏览器，在百度中输入关键词"互联网"，百度词条会自动在后面加上金融、思维、营销、理财、广告、电视、金融概念股等选项；相关术语包括电子商务、信息技术、云技术、三网融合、数字营销、互联网营销、云计算、大数据，还有创业等。这些词代表了互联网最近的发展和创新。

截至2013年12月，中国互联网用户数达到6.18亿，互联网普及率为45.8%。中国成为网民人数最多、联网区域最广的国家。而1996年底，中国还只有区区20万网民。1994年初，互联网在中国起步的时候网速只有64千位/秒（即64K），如今已经是光纤到户。互联网的发展，无论在哪一方面，都远远超出了20年以前人们的想象。在我国6亿多网民中，手机网民规模达5亿，网民中使用手机上网的人群占比提升至81.0%。这意味着什么呢？意味着互联网正是由计算机互联走向移动互联的新时代。

互联网的确创造了一个奇迹，同时也给人们提出了极大的挑战。比如，网络安全和信息安全问题；网络信息的全球性流通加剧了文化渗透，各国都在为捍卫自己的网络文化而努力；我们拥有悠久的文化，如何使得这种厚重的文化在网络上得以延伸等，都是有待我们解决的课题。

（韩燕）

日新月异的科技

异彩纷呈"自媒体"

自改革开放以来，随着互联网技术革命席卷全球，我国的媒体日益开放，各种自媒体不断发展，成为传统报纸媒体、电视电台媒体的强有力的补充。

博客与播客

2000年前后，个人博客（Blog）开始在互联网上流行起来。当时新浪、搜狐、网易等访问量很大的门户网站都推出专门的博客频道，邀请各行各业有一定影响的专家、学者，以及新闻从业者开设个人博客，发表自己的观点、评论，其他网友通过互联网都可以自由地链接访问和评论，这样作者和读者之间可以直接互动交流，大大改变了传统媒体单向传递信息、互动交流比较少的弊端。行业专家通过博客分享自己的经验和知识，能够帮助到其他需要的人；也有很多原来默默无闻的人通过博客发表自己的文章和观点而迅速走红，成为名人。尤其是证券投资界，一些民间高手通过博客发表自己对股市的分析文章，给其他投资者很大启发和借鉴，而通过访客的评论和转发，作者本人也获得了提高。所以直到今天，这方面的个人博客仍然十分流行。

在博客兴起的同时，随着带宽的增加、网速的提高，播客也一度流行起来。播客就是网友录制自己的视频放在网络上播放，其他网友可以点击观看，也可以进行评论和转发。播客改变了博客以文字和图片为主要形式的限制，通过视频多媒体来展示，音乐和舞蹈爱好者可以通过播客来展示自己的音乐和舞蹈作品，这种表达效果是博客无法实现的。

微博和微信

近几年随着智能手机的普及和3G网络的建设，手机逐渐变成了最流行的上网终端，无线互联网迅速发展起来，手机上的微博和微信随即诞生，并以极快的速度崛起。

微博最早由老牌门户网站新浪公司推出，新浪微博于2009年8月14日开始内测。9月25日，新浪微博正式添加了@功能以及私信功能，此外还提供"评论"和"转发"功能，供用户交流。为了限制篇幅，增强可读性，每条微博限制在140个字符以内，更大篇幅的内容允许以图片和视频的形式呈现。

微博与博客是一脉相承的，但是博客主要是电脑互联网上的产物，所以字数不限。微博是手机为终端的移动互联网（无线互联网）的产物，虽然字数有限制，但是由于手机访问更加方便快捷，在线时间更长，对很多突发事件能够快速反应，所以微博发展速度很快，普及速度和普及的范围都远超当年的博客。截至2010年10月底，新浪微博用户数已达5000万，新浪微博用户平均每天发布超过2500万条微博内容。

除了新浪之外，腾讯、搜狐等互联网企业也推出自己的微博平台。微博展现出"自媒体"的庞大潜力，让传统媒体倍感压力，尤其是一些突发事件的报道和评论方面，微博比传统的专业媒体更快，更灵活。由于手机自带摄像头，"有图有真相"一时间成为最常见的网络语言，现场图片的及时上网，通过网友的转发和分享，可在很短时间之内广为传播。在抗震救灾等突发事件中，微博的快速反应特点做出了很大的积极贡献。实际上微博的影响力已经渗透到社会生活的多个方面，甚至在众多的反腐案件中，都可以看到微博的身影。

微博在中国大放异彩，但是让人始料不及的是，微信很快诞生，并且发展速度远超微博。微信是腾讯公司于2011年初推出的一款快速发送文字和照片、支持多人语音对讲的手机聊天软件。用户可以通过微信与好友进行形式上更加丰富的类似于短信、彩信等方式的联系。微信软件本身完全免费，也因为更灵活、方便、智能，且节省资费，受到大家喜欢。

2012年3月底，微信用户破1亿户。截至2013年1月15日，微信用户迅速扩张至3亿户。2013年8月15日，微信海外版（WeChat）注册用户突破1亿户。2013年10月24日，腾讯微信的用户数量已经超过了6亿户，每日活跃用户1亿户。微信诞生之前，小米公司曾经推出过类似的"米聊"，但是用户数没法与腾讯微信相比。

微信作为纯粹的沟通工具，可以是熟人社交，也可以让陌生人互相认识，通过微信公众号来实现商家、媒体和明星与用户之间的内容推送。微信的朋友圈功能能够让每个人很方便地分享自己的照片、文字和视频给自己的朋友，而且看到的朋友又可以很方便地评论和转发、收藏等，大大拉近了人与人之间的距离。相比于微博，微信的媒体属性稍差一些，但是也具有强大的自媒体功能，很多公司通过微信公众号就能够与自己的客户进行互动，效果比传统媒体更好。

（韩燕）

百业扬帆

神起在东方的第一大港

上海港位于我国南北海岸线的中部，居长江入海口的南岸，揽江海交汇之胜，得内陆广袤之利。1919年，当中国民主革命先行者孙中山先生完成他的《建国方略》时，曾提出要在上海一带建设中国东方大港的计划。修建一个像纽约港那样的世界水平的大海港，是孙中山先生一生孜孜以求的梦想，如今这个梦想已变为现实。2013年上海港以3361.7万标箱的集装箱吞吐量，连续4年坐稳全球第一的宝座。回顾上海港的历史，走过了从江南第一大港到远东第一大港，再到世界第一大港的发展历程。

江南第一大港

上海地区港口孕育很早，但是唐宋时代，还没有今天这样宽阔的黄浦江，上海港也不在黄浦江畔，而是在吴淞江南岸的青龙镇，现在还能在青浦县北看到的青龙宝塔和隆福古寺，那就是当年青龙港的遗址所在。

600年前的明永乐初年，户部尚书夏原吉动员10余万民丁治水开河，形成黄浦江新航道，现在我们看到的黄浦江就是从那时开始形成的。从那时起，上海港就在黄浦江畔应运而生了。

我国沿海向来以长江口为界，向南称为南洋，朝北称为北洋。由于南北两侧地貌形态差异很大，上海以南航路水深流急，通行尖底海船，而上海以北海道，近岸水底沙滩绵延,改行平底海船,通称沙船。南船不北航,北船不南行。在木帆船时代,位于长江口的上海港水文条件上佳,又占据了南北中转最有利的位置,成为中国沿海南北货运理想的交汇点。清嘉庆道光年间,上海有沙船数千艘,被誉为"沙船之乡",今天我们看到的上海市徽就是以沙船为基本图案再加一白玉兰花而成。同时每年聚集的南洋航线海船有700多艘,南北洋航线相加,海船总吨位已达40余万吨,港口的年进出口吞吐量达160余万吨,成为南北海船汇聚,商业贸易极盛的江南第一大港,上海也被称为"江海之通津,东南之都会"。

远东第一大港

第一次鸦片战争之后,上海成为最早开放的五个通商口岸之一。在开埠后的短短10年间,中国对外贸易的重心从广州转移到上海。第二次鸦片战争后,长江和北方沿海港口相继开埠通商,大大拓宽了上海港的辐射范围;1870年,苏伊士运河通航,加上轮船代替帆船,使欧洲到中国的航行时间缩短了一半以上;1871年,上海与伦敦之间的海底电缆开始营业,大大缩短了欧亚的时空距离,上海港进一步融入全球航运网络。

开埠后30年左右,上海港形成内河、长江、沿海和远洋四大航运系统,通过四大航运系统,即可到达美国、加拿大、欧洲、日本、澳大利亚等国,也可驶抵大连、天津、烟台、青岛、宁波、福州、厦门、台湾、汕头、广州、香港等中国沿海城市,同时可以沟通长江三角洲的众多市镇,并把长江流域纳入自己的腹地范围,其中远洋航线的不断壮大,直接提升了上海港在国际航运体系中的地位。

19世纪70年代后,上海港成为全国的航运中心。20世纪30年代,上海港已经成为远东航运中心,年货物吞吐量一度高达1400万吨;船舶进口吨位居世界第七位,上海一跃成为世界

百业扬帆

重要的港口城市之一。到1936年，全国500总吨以上的中国资本轮船企业共99家、船404艘，其中总部设在上海的有58家、船252艘；以上海港为始发港或中继港的航线总计在100条以上。在上海港的支撑下，上海成为远东的金融中心、贸易中心和文化中心。1937年8月13日日军进攻上海，终止了上海港的上升势头，远东的金融、贸易、航运中心逐步从上海转移到了香港。

世界第一大港

改革开放之后，上海港的发展步入快车道，在20世纪八九十年代，掀起了建设集装箱码头和老码头改造的热潮。上海港在生产结构上实现了从以煤炭等散货为主向以集装箱运输为主的转变，在港区布局上实现了从以黄浦江内老港区为主向以长江口新港区为主的转变。2005年，大型深水海港洋山港建成开港，标志着上海港从长江口走向了外海。洋山深水港是全球唯一建造在外海岛屿上的集装箱码头，也是我国港口建设史上规模最大、建设周期最长的工程，它骄傲地托起了上海国际航运中心的梦想。

1978年9月，上海港开辟了我国第一条国际集装箱运输班轮航线。如今上海港在国际航运市场中的地位不断上升，航线遍及全球主要港口，是我国大陆集装箱航线最多、航班最密、覆盖最广的港口。自2010年超过新加坡以来，上海港的集装箱吞吐量已经连续4年位居世界第一，枢纽型国际航运中心基本建成。

今天，上海港正依托上海自由贸易区带来的新契机，努力在航运金融、船舶注册和海事仲裁等高端航运服务业上取得更大的成绩。

（赵菲）

从个体户到民营企业

个体户经商变得光明正大

　　1979年12月寒风瑟瑟的一天，21岁的温州姑娘章华妹从温州工商局鼓楼分局领到了"第10101号"营业执照。这张完全手工制作的执照上，用毛笔工整地写着"姓名：章华妹"，"地址：解放北路83号"，"生产经营范围：小百货"，"开业日期：1979年11月30日"。30年过去了，章华妹的生意从家门口搬到了如今寸土寸金的人民西路，她的店因"中国第一个工商个体户"称号而很有名。"我成为领取中国工商执照第一人，纯粹是偶然。"她说。在温州，与她同时期领取执照的共有1844人，他们是中国市场经济最早的拓荒者，虽然当时他们自己没有意识到这一点。

　　1980年初，国务院颁布了《关于城镇个体工商业户登记管理若干规定》，整日因"投机倒把"而提心吊胆的个体户们暂时松了口气。47岁的刘桂仙在北京东城区翠花胡同，用四张桌子开起了北京第一个合法经营的个体户餐馆"悦宾饭店"，他成了北京的第一位个体户。刘桂仙因为在首都北京的关系，受到国内外媒体的报道更多，因此也是非常有名的一个个体工商户。

　　1980年，美国《新闻周刊》一名记者去福建石狮和广东南海（今佛山南海区）采访后，在报道中写道："石狮的小商品贸易和南海民间的小五金、小化工、小塑料、小纺织、小冶炼、小加工，像野草一般满世界疯长。"这是中国经济从计划经济向市场经济转型的萌芽。

民营企业不断发展壮大

在从计划经济向市场经济转变的过程中，个体工商户的放开是一个里程碑事件，是对过去计划经济的突破，之后随着思想的进一步解放和形势的发展，民营企业、私营企业也逐步放开。2013年有抽样调查结果显示，中国已经有民营企业750多万户，从业人员8700万人，个体工商户3200多万户，从业人员6500万人，全国个体和民营经济从业人员达到1.52亿人。目前民营经济在中国经济版图上基本上占据了半壁江山，在很多竞争性行业，民营企业的份额更高。

全国工商联发布的"2013中国民企500强"显示，苏宁云商以2327亿元总营收排名第一，联想控股、华为分别以2266亿元和2201亿元紧随其后，江苏沙钢、山东魏桥、浙江吉利、大连万达、雨润控股、万科企业、美的集团分列

第四至第十位。2013年民企500强入围门槛提高至年收入77亿元。民企500强营收总额突破10万亿元。

从章华妹作为第一个个体户开始,到现在已经有1.52亿个从业人员;从当初微乎及微的营业收入到500强的10万亿元收入,这些反差巨大的数字告诉我们,中国经济发生了沧海桑田一般的变化。

以收入排名第一的民营企业苏宁云商来看,苏宁云商原名苏宁电器,1990年创立于中国南京,主业是电器销售,2004年7月,苏宁电器的股票在深圳交易所上市,成为国内首家IPO(首次公开募股)上市的家电连锁企业,随后借助资本市场的融资快速发展,目前连锁网络覆盖海内外600多个城市,中国香港和日本东京、大阪地区,拥有1600多家店面,海内外销售规模2300亿元,员工总数18万人,先后入选《福布斯》亚洲企业50强、全球2000家大企业中国零售业第一,中国民营企业前三强,品牌价值956.86亿元。目前苏宁云商又进入了电商、网络视频、快递、银行等新的行业和领域。在民营经济发展的同时,民营企业和民营企业家的地位也大大提高了,苏宁云商的董事长张近东先生是中国人民政治协商会议第十、十一届全国委员会委员,中华全国工商业联合会常委,中华全国工商业联合会副主席,江苏省第十一届人民代表大会代表。

苏宁云商只是中国民营企业的一个代表而已,从个体工商户到民营企业,从章华妹到张近东,从曾经战战兢兢地"投机倒把"到如今正大光明地发展壮大,这是中国经济和社会进步的一个缩影。

中共十八届三中全会再次提出积极发展混合所有制经济,是对现有所有制结构的再一次突破,也将引导中国民营企业更快地发展。

(韩燕)

百业扬帆

电子商务与快递业务的兴起

2013年11月11日,对于喜爱网上购物的人来说,是一场网购的狂欢盛宴。"淘宝网"凭借其电子商务巨头的优势,在一天内创造了350.19亿元的交易额。其经营规模之大,对电子商务市场的影响之深,令人瞠目结舌。这并非一个偶然的现象,而是中国电子商务市场空前发展的必然结果。

中国电子商务市场发展迅速

十多年以前,人们不能像现在这样,随时随地都可以通过网上购物网站挑选自己喜欢的商品。倘若想购物,最方便的方法也只是前往当地集市或者商铺去购物,其次是电视购物或者邮购。前往商铺去购物,不仅耗费时间,且因中间商抽取了不菲的利润,价格也相对高了很多;对于电视购物,虽能买到便宜的商品,但需要承担很大的风险。当时的邮寄业务相当不发达,手续繁杂,邮寄网点少且分散,给电视购物的时效性也打了很大折扣。倘若想要经营实体商铺,需要支付店铺租金、装修费用、水电费、货物运费等,诸多成本是经营者最大的痛点。1998年,为了解决实体商品经营中的这些"痛点","阿里巴巴在线"作为第一家电子商务网站应运而生。

最初的电子商务公司只面向中小企业,为中小企业的进货和销售提供网络渠道,减少了中间商环节,节省了不少经营成本。而从服务企业到服务大众群体,对于网络公司来说,只是改变经营模式的问题,但却占领了一个潜力巨大的消费市场。电子商务行业的标杆"阿里巴巴集团",只用了14年时间,便完成了从一个普通的在线贸易网站发展成市场估值高达2500亿美元的超大企业,可见电子商务行业崛起之快。

电子商务的类型

为了满足不同的客户群体的需求,电子商务服务分为很多种类型,主要有"网上平台"、"综合商城"、"品牌经营"和"团购"四种类型。"淘宝网"和"阿里巴巴"是典型的网上平台型,其特点是为卖家和买家搭建了一个公开交易的平台,并且提供支付解决方案。例如,阿里巴巴公司推出的"支付宝",它相当于一个掌管交易中金钱流动的管家。"支付宝型"支付方式保证了网上购物的安全性,也为售后服务提供了保障。"京东商城"、"天猫商城"则属于综合商城类电子商务,它们的特点是将商品分不同的类别,集中展示售卖某一种商品,如通讯电子类别中会集中售卖手机、对讲机等通讯电子类

商品。相比之下，品牌经营类和团购类电子与商务网站的规模和客户群远没有平台型和综合型的大。

快递业务应运增长

网站只是电子商务的一部分，并不能完成商品的电子化交易。完整的电子商务系统，应包括商品仓储、网上店铺、物流服务、支付服务和售后服务这五个主要部分。其中，物流服务是影响电子商务发展的重要环节。在借鉴了国外物流企业的成功经验之后，诸如"顺丰速递"、"申通快递"等多家快递公司积极参与了电子商务的物流服务。以"顺丰速递"为例，作为国内第一家能够独立承包飞机航线的快递公司，早在2002年已实现全国联网、36小时内送货上门的快速递送服务。顺丰集团从1993年成立之初的"摩托车队"到2013年的快递业龙头，"顺丰速递"已经在中国大陆建立6000多个营业点，覆盖300多个大中型城市及1900多个县市区。20世纪90年代，全国仅有为数不多的快递公司，而目前，我国已有8000多家快递企业，从业人员达到90多万人，每天的寄件量在2000万件以上。强大的快件吞吐能力，为电子商户提供服务保障的同时也让快递公司获取了巨额利润，并解决了数十万人的就业问题。

除这类专门经营快递服务的公司外，"京东商城"是电子商务行业里首个同时经营网上综合商城和快递服务的公司，凭借其自建物流的优势，推出了"隔夜达"和"当天到"的快递服务。快递速度和准点性的提高，为网购买家提供了极大的便利。

随着电子商务的安全性和便利性在使用中不断被证明，人们乐于接受这种新兴的交易方式，再加上网购的价格和便利性优势，使网购成为人们生活中不可或缺的一部分。而这种对网上交易的信任和依赖，也促进了电子商务的发展。而随着电子商务成交量的不断增长，给快递行业又带来了业务，由此形成的良性循环使得电子商务极大地影响了人们的生活方式，成为互联网时代的一大特色。

（韩燕）

百业扬帆

广告业迎来全盛时代

从复出到全面繁荣

1979年1月4日,《天津日报》刊登了"天津牙膏厂主要产品介绍"的通栏广告,率先恢复了商业广告。随后,《人民日报》也开始刊登地质仪器、汽车等广告。1月28日,正是春节正月初一,上海电视台在当晚5点05分,播放了一条参桂补酒广告片,片长1分30秒;紧接着这条广告片,还播映了一张10秒钟的幻灯片:"上海电视台即日起受理广告业务",开创了中国电视广告史上首条商业广告的纪录。同日,上海《解放日报》也刊登了两条通栏广告。2月10日,《文汇报》也随之跟进。到3月9日,上海电视台在转播篮球赛中场休息时间插播了中国男篮球员张大维大喝"幸福可乐"的画面,这是中国广告业恢复后播出的第一例名人电视广告。6天后,上海电视台又播出了上海广告公司代理的第一条外商广告:瑞士雷达表;同日,上海人民广播电台播出了全国第一条广播广告。当天,中央电视台首次播出外商广告:西铁城手表。同时,户外广告牌重新出现在上海南京路上。

随着广告的复出,广告公司如雨后春笋般冒出,广告业

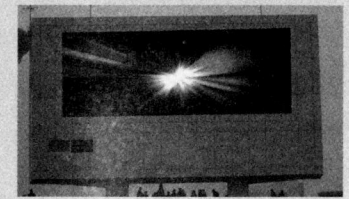

迅速繁荣起来。作为最早成为广告载体的大众传媒形式的报纸，成功开启了当代中国广告业的序幕。经过十多年的发展，报纸广告由单纯的产品告知转变为情感诉求。整版广告、分类广告、中缝广告等广告形式渐趋多样化。双色广告、彩色广告、绘图广告等，与报纸彩印术共舞。电视广告恢复后发展迅猛，逐渐成为中国广告市场的重要力量。江苏盐城燕舞集团的收录机产品"燕舞"广告，"燕舞小子"载歌载舞："燕舞燕舞，一曲歌来一片情"；雀巢咖啡广告，一句"味道好极了"让人顿觉口有余香；杉杉西服广告的"不要太潇洒"，成为时髦话语……电视广告不仅方便了人们的生活，而且丰富了生活的情调。广播广告重启后，进行了有序的开拓，在形式上求新求变，推出戏剧式广告、散文诗式广告等，加入了音乐、音响等元素，时段趋于灵活，广告创意设计充分结合产品特色与广播特点。相较之下，复苏后的杂志广告，由于仍受到一些局限而缓慢前行。

走向成熟

从1995年起，中国广告业开始走向它的成熟期，进入规范化发展时期。具体表现有三：一是摆脱低起点、高速度的发展形态，走向平稳发展阶段。二是众多而力量分散的广告公司重新"洗牌"，进行力量的整合。三是媒介强势地位逐渐空心化，强势媒介开始出现弱势化的趋向。

进入新世纪，中国广告业继续保持良好的发展势头。2003年，全国广告总量首次突破1000亿元大关。中国已成为全球广告市场发展速度最快的国家之一。除了报纸、杂志、广播、电视几大传媒，以及灯箱广告、路牌广告等户外广告媒介之外，互联网迅猛发展，因其采用多媒体技术，整合各种传播媒体的特点，成为传递广告信息的新宠，日益显现出强大的生命力和广阔的发展前景。此外,引人瞩目的新媒体广告还有手机短信广告、移动互联广告、流媒体广告、数字出版物广告等。

除了商业广告,公益广告在一度受到冷落忽略、缓慢发展后,在20世纪90年代后半期得到重视和扶持,进入新世纪更是大放异彩。2003年春"非典"(严重急性呼吸综合征)肆虐之际,中国各级媒体、卫生部门、广告公司、企业联手制作和推出了大批宣传抗击"非典"的公益广告,宣传防治知识、歌颂医务工作者、号召万众一心战胜"非典",为夺取这场斗争的最后胜利做出了重要的贡献。

优秀的公益广告直击心灵,令人过目不忘,经得起反复咀嚼。亲情公益广告"家"(family,有爱就有责任),巧妙地将family这一英语单词的字母拆开,赋予其中几个字母以家庭角色的身份,演绎了一个孩子在家庭中成长的感人故事:小时候爸爸(F)是家里的顶梁柱,温柔贤惠的母亲(M)相夫教子,少不更事的"我"(I)渐渐长大,而父母已老,现在由他勇敢地撑起家中一片天。还有那堪称经典的《关爱老人:打包篇》:爸爸患上老年痴呆症,记忆力越来越差,甚至认不出自己的儿子,也不知道家在哪里。有一天,儿子带他外出吃饭,爸爸竟将盘中剩下的两个饺子揣进口袋,大庭广众之下令儿子十分难堪。没想到爸爸说:"我儿子最爱吃这个了。"这一广告创意源自一个真实的故事。"他忘记了一切,却不忘对儿子的爱",令观者不觉眼泪夺眶而出。

(吴海勇)

通过指尖上传思想与审美的人们

曾经艰难的"文艺青年"梦

"长大以后,你想做什么工作?"无论在哪个班级提这样一个问题,或出这样一道作文题,都会有孩子骄傲地宣布:"我要当一名作家。""我要当一名艺术家。"

文学家和艺术家这一古老又恒久的职业,以它的浪漫和高尚,吸引着一代又一代怀抱梦想的少年。即使今天这样一个实用而浮躁的环境下,仍不乏执著者。

但是,在数十年前的传统媒介间,追寻梦想的步履是何其艰难。那时,即使想发表一篇豆腐块一样的小文章,都是千军万马争过独木桥。因为全国各地的文化类报纸杂志实在太少,杯水车薪,难以满足众多有天赋有毅力的投稿者的愿望。大多数怀抱写作梦的人,不知投了多少稿,都无法跨过发表"处女作"这道坎。而画家们则更艰难,因为艺术市场没有形成,中国人还没有为居家装饰艺术作品的习惯,而仅停留在购置家具家电的刚性需求阶段,使得艺术家们的才华,很多都被闲置或浪费在会场布置、应景宣传上。尽管如此,人们内心对真善美的追求,还是以文学热、艺术热的形式在中华大地尽情绽放,"文艺青年"成为了整整一代人的标志和怀想。

越来越开阔的舞台

当那一代文艺青年为人父母时,中国文坛悄然变革,《萌芽》杂志发起了一场影响深远的变革——新概念作文大赛。韩寒和他的同道者们,在这里启航了他们的梦想之舟。他们不用在论资排辈的正统阵营里等待、煎熬,他们终于能够赋予文学和文学人以它的本质——自由,从文字到人生。

艺术领域亦然。随着画廊经济的发展,艺术家们,无论初出茅庐,还是行家里手,只要你出类拔萃,只要你艺术的梦想不变,坚守的心不变,就都可以找到属于自己的舞台,都可以在浩瀚的艺术海洋里适应潮头的飞扬和浪谷的跌宕。

网络带来无尽的可能

而当韩寒们也为人父母时,整个世界都发生了翻天覆地的变化。网络,赋予人类智慧与才华以无限的空间,赋予人类想象力与创造力以无限的可能。文艺,这样一个自由的精灵,在网络的世界里游荡。少年郎无需老师的推荐或编辑的挑拣,就可以在博客、论坛、个人空间和网站专栏里挥洒自己的才情;习画者展示自己的创作,用笔,用鼠标,用指尖,用丰盈的灵感和多变的技巧;已然成熟而梦想不老的昔日"文青"们,虽然大多已各奔前程,却又不约而同地回归到艺术创作的怀抱,用曾经的激情和岁月的历练,耕作出一块块或大或小、或精致或随性或厚重的网上文坛。

当网络创作为越来越多的人所围观和喜爱时,优胜劣汰的自然法则便发生了作用。人们的口味越来越挑剔和精细,并趋于类型化。各类型文艺作品的拥趸们,在网络上形成了各自的审美和价值取向。侦探迷们发掘着我们民族草根型的福尔摩斯,玄幻迷们领略着源自山海经和聊斋的中国式迷离

意蕴，"历史控"们在小说与改编影剧、正史与野史之间纷纷攘攘、津津乐道……还有都市、言情、军事等各种类型的小说，以及或公共或小众的时评影评、短信微信创作。难以想象，若没有网络这个平台，如何会有《武林外传》《甄嬛传》的横空出世，又怎会有"唐家三少"支撑起一个辽阔庞大唐门世界这样的盛况。按照"唐家三少"自己的说法："如果换作没有网络文学这个平台之前，我肯定不会选择走上创作这条路。"

同样地，在没有网络这个平台之前，如今正从事着网页、电玩和动漫设计的大多数人，从事着网络音乐和其他各类艺术的大多数人，也肯定不会选择走上创作这条路。即使他们自小习艺，崇尚美，或是有着非凡的创作才华和志向，也只能在传统的逼仄的职业空间里压抑而无奈着，或选择抽离。

与任何一个职业领域一样，网络的世界中也有高低之别，精粗之分。虽然他们可以坐在自家的电脑桌前，一边享用着咖啡一边捕捉着创意，过着"时尚达人"的精妙生活，但他们与千百年来所有的劳动者一样，需要勤奋、敬业、诚信、执著这些职业人的素养，需要智商与情商的博弈。只是，他们的生活和存在方式因为网络而彻底改变了，他们的思想和灵感，通过指尖被直接上传到了网络。他们不仅便捷地表达和证明了自己，还得以最大限度地发挥个体的力量，呈现自身的魅力，让审美和思想流畅地运行。

（唐旻红）

边走边唱的旅游业

入境旅游带动国内旅游,进而推动出境游

中国幅员辽阔,地貌类型齐全,环境复杂多样,自然景观和人文资源异常丰富,对旅游者有着巨大的吸引力。新时期以经济建设为中心、实行改革开放,为旅游业注入了新的生机和活力。在短时间内,旅游业实现了从"政治接待型"向"经营经济型"的转变。

中国旅游业迅速复苏与发展起来。1982年,国家公布首批24个历史文化名城和44个国家重点风景名胜区。翌年,世界旅游组织接纳中国为正式成员国,以甘肃武威出土的汉代 "马踏飞燕" 为中国旅游标志。鉴于当时国内社会经济较为落后,当时的方针政策是"国内重建设,国外搞促销",在1980年中期以前,中国旅游业是以入境旅游为主。1985年,《中国旅游报》发起评选出十大风景名胜区:万里长城、桂林山水、杭州西湖、北京故宫、苏州园林、安徽黄山、长江三峡、台湾日月潭、承德避暑山庄、秦兵马俑。就在这一年,中国旅游业取得喜人成果:入境旅游人数多达1783万人次,外汇收入12.5亿美元;国内旅游人数为2.4亿人次,回笼人民币80亿元。此后几年,旅游业一路走高。

经历1989年的波折,1991年中国旅游业开始恢复元气,并从第二年起,每年确立一个主题,向世界推出有特色的旅游产品。1992年为中国友好观光年,1993年为山水风光年,1994年为文物古迹年,1995年为民族风情年,1996年为休闲度假年,这一年入境人数突破5000万人次大关。为迎接香港回归祖国,1997年为中国旅游年。1998年为华夏城乡游,1999年为中国生态环境游,2000年为体育健身游。这一时期,入境旅游和国内旅游并行发展。1997年,《中国公民自费出国旅游管理暂行办法》公布,出境旅游开始兴起。公民自费出国旅游目的地国不断扩大,出境游客持续增多,由此形成了入境旅游、国内旅游和出境旅游"三驾马车"齐驾并驱的旅游业新格局。

新世纪旅游大国的公民诉求,中国梦的有机组成

进入21世纪,国家将旅游业作为新的经济增长点。2001年初召开的全国旅游发展会议,朱镕基总理到会并讲话,将旅游业提升到前所未有的高度。中国加入世界贸易组织,进一步加快了旅游相关行业对外开放的步伐。从此,中国旅游发展驶入了快车道。

新世纪初,假日经济对旅游业发展产生了重大影响。春节、劳动节、国庆节均长达七天,且为全国统一节日,受假期限制的旅游需求趁势井喷而出。在此三大长假中,外出旅游人数剧增,旅游收入大增,旅游餐厅兴旺,旅游饭店爆满。虽然2003年暂停了劳动节的七天长假,但是,2012年起四大节假日小车免收高速公路过路费,又为旅游业注入了兴奋剂。

旅游业在新世纪的竞争,日益呈现出个性化、特性化、精品化、专业化

等特点。经过多年旅游文化的熏陶,中国游客也从以满足好奇心、观光、度假、消遣为目的的第一代,转变为满足求知欲、获知识、得信息,领略异地他乡情趣为目的的第二代。游客诉求从猎奇型向舒适型、享受型的转变,使旅游消费行为与方式逐步与发达国家接轨。旅游消费动机趋于多元化,出游方式趋向多样化,出游时间日益分散化。

国内旅游居高不下的同时,境外游持续红火。为吸引更多中国游客观光和消费,俄罗斯、英国、法国、瑞士、意大利等多个国家放宽对中国团队游客的签证政策,韩国、日本与美国也竞相出招,吸引中国游客前往。相较国内旅游和出境旅游保持高增长,入境旅游处于低迷状态。如此"两高一低"态势,是中国旅游业亟待破解的难题。

尽管如此,中国跻身世界发达旅游国家的行列,仍当之无愧。在新世纪,中国旅游业经受住了"非典"、东南亚海啸、世界金融危机等种种考验。北京奥运会、上海世博会的先后举办,高铁时代的到来,都为中国旅游业的发展增添了新的动力。从2011年起,确定每年5月19日(也就是《徐霞客游记》开篇之日)为"中国旅游日"。当年徐霞客的个体行为,在现今演化为时尚追求。

在2014年春节晚会上,黄渤边跑边唱的那首《我的要求不算高》中有这么一段:

我能挣钱,我还有时间,

去巴黎、纽约、阿尔卑斯山,

我逛商场,我滑雪山,

这样的日子好悠闲!

这段歌词唱出了中国普通老百姓的内心诉求。旅游梦尤其是出境游,分明是中国梦的有机组成。

使中国走向世界,让世界了解中国。边走边唱吧,中国旅游业。

(吴海勇)

百业扬帆

从"中国制造"到"中国智造"

"中国制造"的利与弊

由于中国制造业发展迅速,"中国制造Made in China"是全球其中一个广受认识的标签。在各种商品中,不论是在电子零件,或是在衣物鞋履,都能看见这个标签。在世界市场上,"中国制造"意味着价格便宜,也意味着中国是世界的加工场。从贸易方式看,中国出口的半数以上是加工贸易,如2007年中国出口到美国的2035亿美元产品中,加工贸易出口1288亿美元,占了63.3%。从出口主体看,外资企业生产的产品占了中国出口总额的58%,因此在一定意义上可以说,中国作为世界工厂是世界制造业发展和国际分工的结果。正是依靠制造业的迅猛发展,中国在加入WTO(世界贸易组织)之后爆发出极强的经济活力,并且连续多年经济高速增长,成为全球第二大经济体。

中国制造给世界做出了巨大的贡献。据美国方面的测算,廉价的中国制成品近几年里为美国的消费者减少了7000亿美元的支出。正是在这样大量廉价消费中国产品和中国资源的同时,这些国家的企业也产生了抱怨,因为中国制造在

一定程度上冲击了他们本国的制造业。对国际市场产生冲击的同时，中国制造也对国内的生态环境和自然资源造成了巨大的冲击和破坏。并且由于周边发展中国家也不断复制中国廉价制成品的生产模式，他们更便宜的劳动力对中国构成了强烈的竞争。因此中国的这种发展模式难以为继，也必须改变。

　　以苹果手机iPhone的产业链价值分布最能说明问题。据调查，从美国进口一部在中国组装的iPhone手机，在中国组装环节的费用只有可怜的6.5美元！这意味着富士康一类的公司及成千上万的中国劳工，从那部时尚而尖端的手机里，只能分享3.6%的价值，按零售价计算不足2%！苹果手机的利润分配足以说明一切。中国人制造了苹果手机，但没有创造苹果手机，我们投入的资金、设备和劳动力都很多，但是分配到的利润最少。这就是产业分工中的规律——微笑曲线，即产业的上游技术研发和下游品牌运营拥有高的利润率，而产业链的中游制造环节拥有低利润率，整个产业链的利润率看起来是一条两边高、中间低的微笑曲线。

向"中国智造"转变

　　不过这种局面正在改变，很多中国企业也在反思这种模式，也在寻求改变，希望从"中国制造"向"中国智造""中国创造"转变，即改变这种简单代工的模式，转而寻求中国人研发、设计，并以中国人自己的品牌去销售的模式，从而能够获取产业链利润的大部分，而不是仅仅拿生产代工环节的"蝇头小利"。

　　比如比亚迪汽车，以电动车为发展方向，自己研发电动车的相关技术，并自己生产，希望把中国的低成本优势和电动车的技术优势相结合，能够成为全世界电动车行业的龙头之一。

　　再比如小米公司研发生产的手机，利用互联网，在网上开放让客户参与设计，同时在网上直销，去掉任何中间环节，生产的"全球最快"的高性能手机，以接近其他国外品牌一半的价格进行销售，迅速放量。小米手机2011年8月第一次发布产品，2012年销售719万台，小米公司在2013年总计售出了1870万台手机，小米公司董事长雷军向媒体透露2014年的目标是销售4000万部手机，2015年的目标是超过1亿部手机。小米公司在推出手机的同时，还推出了智能路由器、智能电视机等其他电子产品。

　　再比如国内上市公司乐视网，2013年5月7日宣布正式推出了全球第一款4核电视，也是全球速度最快的超级电视X60，这款电视机通过互联网播放各种节目，能够实现语音输入、体感操控。2014年4月9日乐视网又正式发布全球首台4核、4K、H.265硬解智能电视乐视x50 Air，这在全球电视领域都是比较领先的。

　　"中国制造"必然向"中国智造"和"中国创造"转型，这是中国经济转型和升级的必由之路，是中国从制造业大国向制造业强国转变的必由之路，也是中国制造业的"中国梦"。相信随着一代又一代人的努力，随着一个企业一个行业的不断努力和突破，这个"中国梦"，一定能实现！

（韩燕）

"小飞乐"股票与金融业的发展

"小飞乐"的故事

1984年11月18日,上海市第一家股份制企业——上海飞乐音响股份有限公司开业。公司决定向社会公众及职工发行股票,总股本1万股,每股面值人民币50元,共筹集50万元股金,其中35%由法人认购,65%向社会公众公开发行。飞乐公司这次发行的这张名叫"飞乐音响"的股票,是新中国成立以来第一张真正意义上的股票,人们习惯亲切地昵称其为"小飞乐"。

"小飞乐"正式对外销售这天,情况意外火爆。飞乐公司门口人们绕着围墙排着长长的队伍等候。从工商银行派来的两位工作人员忙得满头大汗。在这之前,很多人都没见过股票的样子。"小飞乐"是飞乐公司的秦其斌厂长千方百计找到上海解放前发行的南洋卷烟厂的股票,几乎没有更改地翻制成的。

"小飞乐"标志着我国证券市场从无到有零的突破,有着特殊的意义。有个关于"小飞乐"的故事很能体现这种意义。

1986年11月14日,邓小平在北京人民大会堂会见美国纽约证券交易所董事长约翰·凡尔霖率领的美国证券代表团。凡尔霖给邓小平带来了两件特殊的礼物——美国证券交易所的证

样本和一枚可以自由通行纽约证券交易所的徽章。邓小平则回赠给凡尔霖一张"小飞乐"股票。

这件事即刻引起了国内外新闻舆论的极大兴趣。《朝日新闻》发表整版评论，声称中国企业将全面推行股份制，中国经济终将走向市场化。

证券交易从"两条板凳"起步

其实，邓小平赠送的不过是一张面值50元人民币的股票，然而，对于凡尔霖来说，这是一件无价之宝。于是，他当即改变行程，直奔上海，找到静安证券营业部，办理了股票转让手续。

为凡尔霖办理"小飞乐"转让手续的静安证券营业部，是新中国第一家证券营业部，成立于1986年9月26日，当时隶属于工商银行静安支行信贷科。营业部成立之初非常简陋，按人们形容的就是"两条板凳，没有厕所"，交易市价是用黑板写的。正式开张那天，位于南京西路1806号的这家营业部人头攒动，热闹非常，看热闹的人比卖股票的人多得多。只有"飞乐音响"和"延中股份"两支股票交易的营业部，工作人员忙得不可开交。

4年后的1990年12月19日，经国务院授权，由中国人民银行批准建立的上海证券交易所举行开业典礼。这是新中国的第一家证券交易所。上海证券交易所总经理尉文渊在交易大厅敲响正式开市的第一锤。来自上海、山东、江西、安徽、浙江、海南、辽宁等地的25家证券经营机构成为交易所会员。交易所开业初期以债券，包括国债、企业债券和金融债券交易为主，同时进行股票交易，后来逐步过渡到债券和股票交易并重。

快速发展的中国金融业

从这时起，我国证券业进入快速发展阶段，与此同时，银行业、保险业、信托业等也迅速发展。

在20世纪七八十年代，说到银行，人们印象里就只有中国人民银行，存钱也基本都是存在那里。1984年1月1日，中国人民银行开始专门行使中央银行职能，从中国人民银行分离出一家专业银行——中国工商银行。那以后，交通银行、招商银行、民生银行、农商银行……国有的、民营的、中资的、外资的，各类商业银行纷纷建立或开设，遍布全国城乡。2008年底，按一级资本排名，中国工商银行、中国建设银行、中国银行进入全球最大15家银行的行列。到2013年6月，我国银行业金融机构总资产达141.34万亿元。

1979年底，停办了20年的保险业务开始复苏。当时大多数人对保险都持排斥态度，推销保险的业务员每每都被人拒之门外。随着社会主义市场经济的日益发展，保险也逐渐被人们接受并成为一种养老、理财方式。如今，全国保险公司已有120多家。

证券业的发展更是日新月异，尤其是股票市场。截至2013年6月，中国境内上市公司数(A、B股)达到2491家，境内上市外资股（B股）达到107家，股票市价总值(A、B股)达到21.28万亿元。

20年前，美国华尔街大部分交易员从未听说过中国资本市场，而今天，他们在开始一天的交易前，必须先关注和分析中国的资本市场。当今中国金融业的国际影响力由此可见一斑。

（晏蔚青）

文化产业的"集结号"

缘起《故乡的回忆》

1984年11月,早已在1979年邓小平访问美国之时便与小平同志结识的美国石油巨头哈默博士访问中国。在其作为礼品赠送给他敬仰的小平同志"伴手礼"中,他购买的陈逸飞描述中国江南水乡的油画《故乡的回忆》,引起了中央领导的好奇,并进而使整个中国为之轰动。而就是这样的"轰动",让原本在中国默默无闻的江南古镇——周庄,成为整个世界关注的焦点,人们只要谈到中国的水乡,就会联想到这个地方。更因为这幅画作,以往人们从不曾想到的"中国文化产业"中的"一个部分"——旅游产业,从此开始吹奏起向市场化迈进的"集结号"。

中国的文化产业不断发展

改革开放以后,当经济体制的改革推动了文化领域的改革后,民众面对的是"多元文化"方面的需求,原本单一"不成规模"的文化业态,也被迅猛的经济发展所冲击。许多人也许不会想到,1979年,广州东方宾馆的音乐茶座兴起,竟会成为"中国文化产业兴起"的标志。更不会想到,当"广告业"出现在人们的面前时,其也能成为日后渐趋成熟的"独立的文化服务行业"。就此，一个又一个标志性的"中国文化兴起事件"方兴未艾，一个又一个典型案例，让人们开始觉得"中国文化产业"的未来欣欣向荣，如日方升。例如，20世纪80年代的海外录像集、通俗文艺、电视剧等，都成为中国文化产业的标志。1980年1月1日，在中央人民广播电台播报了第一条商业广告后，这样的"典型标志"就具有了"样板"。

而此后，当中共十四大提出"大力发展文化产业在内的第三产业"后，中国的文化事业向文化产业发展转变，已呈"燎原之势"。随着改革开放的全面展开，尤其是当"互联网"催生动漫业、网络文化业、广告业，甚至还衍生出会展业、文

化旅游业、演出业、艺术品经营业、教育培训业、体育产业等行业后,中国的文化产业真正呈现出了"文化体制进一步深化,技术进步酝酿突破,促进文化产业发展的政策逐步成型"的状态。

2001年,当"文化产业"的概念在"十五"规划中被明确提出之时,引领中国文化创意产业的不断深入,"中国产业发展分析"中将"文化产业"细分成"九大类"就具备了应有的条件,并使得各自的城市在"文化产业"的分类上,有了进一步深化的标准。

不仅如此,近些年来我国文化产业市场以"一手抓繁荣,一手抓管理"的方针为指引,使娱乐市场、演出市场、音像市场、电影市场、网络文化市场、艺术品市场等更加规范,这为文化市场体系的建立,为中国文化市场的逐步完善奠定了基础。

值得展望的美好明天

根据《中国社会科学网讯》发布的《2014中国文化产业年度发展报告》，人们可以看到，经过30多年的"文化产业聚集"，当年陈逸飞"一幅画"带来的早期"旅游文化产业"，早已经呈现出"文化产业向规模化、集约化发展"的态势。而引领2013年中国的文化产业发展的"四大亮点"——文化科技融合：强化动力机制；推动集约化发展：迈向园区3.0版；突出区域化特色：新文化地缘战略；迈向品牌大国：软硬结合的大工程——将会为中国文化产业融入世界提供机会。2005年，在博鳌亚洲论坛上曾谈到，"在全国有17个城市，已经将文化产业当作其支柱产业"。人们有理由相信，未来中国将会有更多的城市，会为完善产业链、丰富产品类型，将"中国文化产业"融合进城市发展而努力。人们还相信，在人们奔向"十二五"实现中国文化产业倍增计划的关键时刻，统筹好全局，展望好未来，将"文化产业"的"蛋糕"做大做强，并形成重点，文化产业将会得到进一步的突破与提升。

（汪建强）

乐享好生活

在繁华中穿行

昔日旧风景

位于上海松江的车墩影视基地里,最能勾起人们怀旧情结的,就是那些经常出现在影视画面中的老交通工具——叮叮当当的有轨电车不断穿梭在先施、永安、新新三大百货公司和外白渡桥、尖顶教堂间;人力黄包车拉着身着旗袍的美丽女子奔跑在石库门弄堂的弹格路上;偶然会有一两部老爷车或军车驶过,或代表着侵略者,野蛮呼啸而过,或代表着地下党或富贵商人,缓缓而行……

当然,所有这些都是情景再现,都是20世纪三四十年代的视觉呈现。今天的上海,已经不可能再用人力车与有轨电车当作公共交通工具了。但我们仍然需要了解城市交通工具的前世今生,了解我们的父辈祖辈,曾以何种方式和姿态,在繁华间穿行。

黄包车从人力拉跑到脚踏骑行,是与自行车的发明和引进相关联的。它逐渐淘汰了中国式轿子这种沿用了两千多年的传统交通工具。而有轨电车的历史,则要追溯到1908年,中国第一条有轨电车由西门子公司承建并于上海建成通车,中国的城市公共交通也由此翻开了历史性的一页。

新中国成立后,随着私家汽车、公共汽车及其他路面交通的发展,有轨电车渐渐退入幕后。20世纪60年代末,各大城市的有轨电车线路基本拆除完毕,取而代之的是无轨电车。它下面的铁轨消失了，但车厢上头用于接电的电线还是必需的，行车的动力全靠这条"小辫子"。有时电车转弯或驶偏，头上的小辫子就容易脱落，电车戛然而止，于是乘客就埋怨："要死了，小辫子落脱了！""哪能又翘辫子了？"

而自20世纪50年代末起，上海街头又应运而生了一种新型公交车——"巨龙车"，或称"大篷车"。那是一种铰接式客车，长度是一般公交车的两倍，中间有像弹簧一样可以伸缩的黑色橡胶褶皱连接着两个车厢，以便于过长的车体也能在狭窄的路口灵活转弯。它以140人左右的大容量缓解了当时的乘车难矛盾。直到80年代，随着改革开放后城市经济的飞速发展和城市规模的急速扩张，"巨龙"成为公交主力车型，占到营运车辆的一半以上，最多曾达到近5000辆，可仍然无法满足汹涌的客流。当时的公交站点尤其是起点站，在上下班高峰时间真可谓是人山人海，没点力气和技巧根本挤不上，或者到站了也冲不下来。那时的公交车都没空调，每年春夏之后，其拥挤闷热可想而知，每每有乘客好不容易挤上车，却昏倒在内。

今朝变化大

好在开放的中国见识到了国外先进而便捷的公共交通，地铁、轻轨、立交、隧道等多管齐下，城郊还建设了快速的磁悬浮和动车。人们的日常出行，也从自行车、公交车二选一，逐渐演变成了如今的多样化选择。由于道路状况的改良和分流，越来越多的家庭购置了私家车。

如今的城市居民，已经形成了这样一种既经济环保又舒适便捷的出行理念——上下班乘地铁或巴士，省钱又准时；合家出游打出租或开私车，便捷又其乐融融。各类联网的交通卡也成为城市居民和外来游客的必备，地铁、公交、铁路、的

士……一刷就行，用卡还有优惠。

爷爷奶奶们呢，以前他们对城市道路和公交线路如数家珍，如果有路人请教，他们会自豪地告诉对方，该如何行走如何倒车最精确最经济。不过，现如今，他们可落伍啦！城市的扩容和公交的发展，使得那么多新增路名和线路站点涌现在地图上，若没有网络的解疑和指点，怎么弄得清方向？好在许多城市都有给老年人和其他特殊人群免费交通待遇。他们可以借助专业网站的搜索查询功能，慢慢地去体会、去观赏这些在城市繁华间穿行的现代通勤工具。

2005年3月，上海最后一辆牌照为沪A79982的公交"巨龙车"，被收藏进上海历史博物馆。当它将功成身退的消息传出后，不少市民和汽车爱好者，纷纷前往它所服役的124路终点站和沿线站点，给这辆见证城市公共交通40余年发展历史的公交车"前辈"拍照留念。今天，新型的"巨龙"和有轨电车又出现在了许多地方。

当年乘坐"巨龙"的孩子，很多在他们的绘画和作文里，描绘过列车在城市的空中和地下飞驰的美景，也梦想过能拥有自己的轿车。如今，成人的他们已经亲历了梦中的图景。新的一代，将有新的梦想，在未来穿行。

（唐旻红）

远途旅行,开往春天

"绿皮车"时代

在相当长的时间里,火车几乎是大多数中国人唯一的远行交通工具。那时候的火车车身都是绿色的,"绿皮车"的称谓由此而来。相信曾经与它亲密接触的人都会有一段难忘的记忆:一言以蔽之,长途旅行"行路难"。

在那个时代,如适逢出行高峰期,人们从购票开始就要和密集的人流打交道;然后是候车,因为候车室座位不够,很多时候要在广场上席地而坐;进入站台后,密密层层的人群会让人产生绝望感,从车窗爬上车是家常便饭;上车以后,人们充分利用过道、座位底下、厕所、盥洗室,甚至行李架等一切空间立足,摩肩接踵、寸步难行,甚至有时要"金鸡独立"。为了免去如厕的麻烦,长时间不饮不食也是常态。

当然那个时候也有飞机这样便捷的交通工具,但是因为价格昂贵而使大多数人难以问津。甚至在更早的时候,因为运量不足,规定必须达到一定行政级别才能凭介绍信和身份证明乘飞机,普通乘客即使有钱也不能搭乘。火车卧铺也是一票难求,相信很多人会记得郭冬临在1995年春节联欢晚会上表演的小品《有事您说话》,在剧中,他为了帮别人买火车票,带着被子到售票处彻夜排队,一晚上冒着风、流着鼻涕,自嘲为"一夜风流"。这在当时引起了很多人的共鸣。

在那个时代，造成火车拥挤的原因之一还在于物资经济的不发达，人们出行时要携带很多自用或准备带给家人和亲友的物品。准备充足的饮食自然不在话下，甚至包括大到被褥、缝纫机、电风扇，小到旧衣物、塑料桶、衣架等都要随身携带。人们随意抽烟、吐痰、扔垃圾，车厢里空气污浊不堪。从火车上下来时，往往身体从外到里，包括指甲缝和鼻孔都是黑的。而列车员清扫出的垃圾足可以堆成小山。

动车出现

20世纪90年代中后期，开始出现了以橘红色和白色相间主色调为标准涂装的"红皮车"，车厢环境有所改善，但人们出行依然艰难。历经多年的积淀和发展，2007年4月18日，中国铁路第六次大提速正式实施，在京哈、京沪、京广、陇海、沪昆、胶济、广深等繁忙干线大量开行具有自主知识产权的、时速为200～250千米的"和谐号"高速动车组列车。这标志着中国铁路一举进入高速时代，动车开始进入人们的出行生活。

自动车正式运行之后，人们的出行发生了翻天覆地般的变化。站台光洁如镜，高度和车厢门平齐。迎着司乘人员亲切的微笑，人们步履轻盈地迈进洁净、宽敞、明快的车厢。整洁舒适、靠背角度可随意调节的软座椅取代了肮脏不堪、油迹斑斑的硬椅子。

乘客们衣饰整洁，行李也非常简单，有的甚至只随身携带一个小小的文件包。坐定后，人们有的闭目休息，有的打开手提电脑或电子阅读器阅读和娱乐。

迎来高铁时代

2008年8月1日，中国第一条具有完全自主知识产权、世界一流水平的高速铁路京津城际铁路通车运营。2010年12月3日，中国自主研发的"和谐号"CRH380高速动车组列车在京沪高铁枣庄至蚌埠段试验运行最高时速达486.1千米。这是中国铁路创造的世界纪录，更是世界铁路发展史上值得书写的重要章节。

历经数年的发展，中国目前已经拥有全世界最大规模及最高运营速度的高速铁路网。截至2013年9月26日，中国高铁总里程达到10463千米，运营里程约占世界高铁运营里程的45%，稳居世界高铁里程榜首。

动车和高铁的发展不仅使得旅行变得轻松而舒适，更重要是快捷。比如说，以往乘普快客车从上海到南京要4个多小时，如今乘高铁则只要1小时多一点；以往从上海到北京要十几小时，如今则只需不足5小时。

民航业飞速发展

近十几年来，民航业也迎来了飞速发展的时代。1980年，全民航系统只有140架运输飞机，且多数是20世纪中期生产制造的机型，载客量仅为20～40人，载客量超过100人的中大型飞机只有17架。1980年，我国民航全年旅客运输量仅为343万人次，列世界民航第35位。

在2012年，我国运输航空全行业完成旅客运输共3.19亿人次，其中北京首都国际机场为0.82亿人次，位居亚洲首位。截至2012年底，民航全行业运输飞机在册架数为1941架，通用航空企业适航在册航空器共计1320架。民航业的发展使得乘飞机出行已经成为寻常事。飞机机型也越来越先进，空乘服务也越来越周到。

短短十余年的时间，人们的出行方式发生了剧烈的变革，随之而来的是出行者脸上的笑容越来越灿烂，因为旅途不再令人生畏。绿皮车正渐渐地成为回忆，甚至在某些地方转变成了旅游项目。在很多时候，人们选择搭乘绿皮车只是出于怀旧，不是留恋绿皮车，而是为了纪念那段曾经无比艰难的岁月。

（隋淑光）

科技改变生活：通讯工具之变迁

古老的通讯方式

人具有社会性，因此交往和通讯是人类诞生以来就每天面对的基本生存状态。在现代文明之前，科技水平落后，人们的通讯方式也比较简单和原始。

古人基本上靠写家书来传递讯息。官方和军方高级一些，可以通过遍及中原大地的驿站快马传书，将地方情况与边关军情传递到帝国的心脏，再从帝都传到四方。据说秦始皇修建了专门的驰道，相当于今天的高速公路，马在上面跑要比在普通道路上快很多。但是这个古代"高速公路"一般人是没权利用的，这是帝国的专用路线，通讯的成本也极其高昂。

古人发明的另外一种传递讯息的方式是飞鸽传书或叫鸿雁传书，即用训练有素的信鸽来传递信息。这种方式比人力或者马匹快许多，是古代的"航空件"。但是即使是训练有素的信鸽，也不可能避免无法到达目的地的情况，而且普通人家也是用不起的。

这些古老的通讯方式千年不变。直到19世纪70年代，帝国主义列强在古老的中华大地上架起了中国第一条电报线路。这只比世界上第一条商用电报线路晚了不到30年。

电报进入生活

电报的发明极大地改变了人们的生活，通讯效率大大提高。从民国到新中国，电报成了人们远距离传递讯息最主要的通讯方式。稍微上点年纪的人都还记得以前到电报局数着字数拍电报的情景。因为电报是按字计费，且在当时依然是价格昂贵，所以如何精准地表达内容，用最少的字把电报发出去则成了一门专业知识。学生的语文课上，作文里面有一项就是教你如何写电报。随着时代的发展，如今的电报基本上已经离开了普通大众的视野。但实际上，电报并没有消失。在上海，还有一家营业厅可以收发电报，平均每月有二三十人前来拍电报。

电话来到上海

几乎在电报普及的同时，1877年电话这个新产物进入了上海。然而，直到改革开放之前，电话对于普通百姓来说都是个稀罕物。除了机关单位装有电话外，普通人家很少装得起电话。普通人家如果要打电话，基本上都是到弄堂口的公用电话亭去打公用电话。20世纪80年代用的依然是手摇式电话，每次打电话，要先接到邮电局，然后再转接至某个地方或某个单位，遇上信号不好的话，接个线要等很久，呼叫上一天才能接通也是常有的事情。

改革开放后,中国人的生活发生了翻天覆地的变化,电话也开始走进寻常百姓家。不过这时候的电话依然是个奢侈品,装机费动则几千块钱,对于普通家庭来说,装个电话和买彩电一样,是件大事。随着电话的普及,人们的通讯变得越来越便利。有事情,拨个号码打个电话。哪怕是远在海外的亲朋,也可以通过国际电话来取得联系。大街小巷,公用电话亭和IC卡电话亭也雨后春笋般林立起来。

传呼机和"大哥大"

20世纪80年代末,中国开始出现了俗称BP机的传呼机。这种可以随身携带的通讯工具极大地改变了人们的通讯方式。因为其便携性和可移动性,所以无论是数字机还是高档的汉显机,都成为这一时期最热门的通讯工具。尽管汉显机动则上千块钱,但是能够第一时间直观地获得讯息,这是手机短信没有出现前最早的可视通讯信息内容,因此寻呼机在一夜之间风靡神州大地。BP机一响,机主便到附近的公用电话亭去回电,成了世纪之交最常见的风景线。

而作为现代人最基本的通讯工具的手机,在中国的发展,才不过20多年。20世纪90年代,国人开始用上了第一代移动电话——"大哥大"。这种后来被人们戏称为"砖头机"的第一代手机,确实在体积和重量上都和板砖相仿。一

部"大哥大"当时要几万块钱,在改革开放初期的年代里,这绝对是那些改革弄潮儿们的身份象征。不是老板,谁用得起这么昂贵的通讯设备?

移动电话技术发展迅猛

科技的发展日新月异。几年时间,移动电话技术发展突飞猛进,手机的体积不断缩小,手机的价格也日益平民化,普通老百姓终于也能买得起手机了。从最初的单显单行只能显示数字号码,到可以多行显示文字,手机短信这个外国人很少使用的通讯方式在中国迅速普及起来。相对于当时不菲的手机话费,短信的价格大家还是可以接受的。因此,发短信成为了很多手机用户首选的通信方式。这个时候的手机品牌,大部分是诺基亚、摩托罗拉和爱立信这三大巨头的产品,国产手机还在襁褓之中。

时间进入21世纪,随着价格的下降和人民生活水平的提高,手机开始越来越多地走进普通百姓的生活。手机的技术也不断发展。从单色到彩屏,从普通只能打电话和发短信到出现了手机操作系统。如今,手机变得越来越智能,随着iPhone和安卓操作系统手机的出现,手机和电脑的界限被打通,手机不再仅仅是一个通讯工具,而变成了人们处理日常事务的便携终端。

通讯工具的发展变革,自然也带来了人们通讯方式的改变。从最初的打电话、发短信,到发语音留言,再到手机QQ和微信,人们的沟通越来越离不开网络、离不开手机。现在的人们已经很少写信,电报和寻呼台已变成了古董级的存在。有任何讯息要发送要联络,拿起手机,接入互联网,一切都变得方便快捷。

(宋晓东)

烟杂店的涅槃：
24小时便利店的前世今生

走在北京、上海、广州等全国各大城市的街头，各色招牌的24小时便利店星罗棋布。然而，曾几何时，那些散落在大街小巷的不起眼的烟杂店曾占据着人们生活购物的首选之位。

昔日烟杂店

烟杂店，原本是以售卖香烟为主，后来随着物品逐渐丰富而衍生出的杂货铺。通常经营场所不大，沿着店门平行地放一个齐胸高的落地玻璃柜台，老板就坐在柜台里。通常店里就夫妻两人。平时老板看店，老板娘带孩子烧饭，有时候老板去采购，老板娘就帮着照看店，所以也叫"夫妻老婆店"。

这些小店不讲究装修，一只脏脏的电灯散发的昏暗发黄的灯光怯怯地洒在店堂里，让你能看个大概。烟杂店地方小，一般是没有仓库的，前面是店，后面即是家。掀开一块布帘，老板一家就睡在里面。可是别看布局局促，小店的货品还是很齐全的，基本可以满足附近居民日常的需要。柜台上的玻璃瓶子里装着花花绿绿的糖果，可以抽奖的彩蛋，柜台里有小孩子喜欢的玩具，架子上还有油盐酱醋和零卖的绍兴老酒。最有特色的是，烟杂店的商品大多能拆零，信纸都可以一张一张地卖。你想要什么，和店老板一说，不出1分钟，老板立即放在了柜台上。老板不仅对东西的摆放熟悉无比，对价格算得也是精确又迅速。如果你拿5分钱去买飞马牌香烟和勇士烟，店老板几乎不需要计算，就会递给你2支飞马烟3支勇士烟，共计4分7厘5，再给你两张手纸，就不用找了。

超市开张

随着城市的发展，这些坐落在弄堂口的一爿爿小烟杂店，渐渐淹没在城市的发展与升级换代中，取而代之的是大型的超市卖场和24小时便利店。

1981年春天，当时的中国人手里还拿着粮票布票排队买东西。在广州，新中国第一家超市——广州友谊商店超市开张了。人们第一次新奇地看到，全部的商品就放在开放式的货架上，想买什么可以自己拿。好多东西有不同的牌子可以自由选择。大家可以先看先比较，和商品先来个亲密接触，再不用隔着老远的柜台让营业员一个个拿。这种新鲜的购物体验让广州人兴奋不已。人们蜂拥而入，把装衬衫的塑料袋拆开，把装食品的瓶盖打开，连洗衣粉也要拆开研究一下。顾客在超市付款后，还可以拿到一个免费的进口塑料袋，这在当时可是稀罕东西。"在广州买东西还送袋子"的说法传开，一时成了新鲜事。不久，超市这样一种亲民的敞开式自主购物的模式伴随着改革开放的步伐，如雨后春笋般涌现出来。

1983年1月3日，一家200平方米的超市在北京市海淀区开业，虽然它只出售蔬菜和肉食两种商品，而且比不远处的菜市场贵5%以上，但路过的北京人还是会好奇地进来转一圈。第二年，总面积1500平方米、上下三层的北京京华自选商场开业，这是当时效仿国外商场经验的大型自选商场。一开业，即顾客"爆满"。要是赶上周末，几乎全城的人都会赶过来，10台收款机后面全都排着长队，很多商品都不能保证全天供应。

进入20世纪90年代，商品种类的繁多、人们生活水平的提升，激发了商人们的热情。大卖场开始普及起来，诸多国外商家纷纷注资涌入抢占中国市场。1995年，法国家乐福成为第一家试水中国市场的大型外资连锁超市。1996年，沃尔玛进入中国,在深圳开设了第一家沃尔玛购物超市。与此同时,本土的联华超市也以星火燎原之势在大陆铺展开来,形成了大卖场和超市等多业态的连锁经营企业。在这些大卖场里,家用的大众化品牌应有尽有,生鲜食品、日用品,甚至家电、服装都很齐全,顾客可以一次性在同一家店购齐短期内的日用必需品。卖场一般占地大,环境宽敞,灯光明亮,优美的背景音乐和舒适随意的购物环境让顾客感到身心愉悦。因此周末休闲时间去大卖场兜一圈,成了很多市民的休闲之选。

24小时便利店诞生

不过这些大卖场考虑到吸引巨大人流或租金低廉的因素,一般选址于商业中心或城乡结合部,去购一次物需要花费不少时间。而随着现代生活节奏加快,追求便捷快速高效的需求突出,一种24小时便利店应运而生。

深夜12点,刚加完班的单身白领回到家中,忽觉饥肠辘辘。于是他下楼来到一层的24小时便利店,自动门迎面打开,悦耳的欢迎光临的门铃及时响起。他来到货架前找了一包方便面、一袋花生,还有一罐热乎乎的奶茶,到收银台结账时还顺便交了100元电话费。不到10分钟,他走出店门,拿着刚买的东

西上楼回家了。20世纪90年代中后期，这种24小时营业的便利店首先在上海和广东两地发展起来。它们结合了烟杂店和大卖场的精华，地方不大，24小时营业，坐落于街头巷尾甚至小区里，日常用品、零食、饮料、报刊等一应俱全，还提供早餐和夜宵，服务彬彬有礼，非常人性化，还能代办水电煤等缴费、信用卡还款等业务。相比大卖场，购物更加便利；相比烟杂店，24小时便利店的连锁经营模式增强了品牌感，统一了售价，让人感觉更加安全放心。因此，这种"现代烟杂店"也十分受欢迎。不但有罗森、7-11、喜士多等境外著名24小时便利超市集团的涌入，民族品牌联华、良友、好德也相继诞生，并迅速遍地生根开花。在学校、医院、商业区、公交站点、加油站、社区都能看到便利店的身影。好德便利店成立一年半，就在上海发展了430家网点。 在北京、广州、上海这些大城市，便利店已经形成"三步一岗，五步一哨"的格局。例如，上海浦东有一条街，在短短的400米路段上，先后开了9家便利店，平均40余米一家店，也成为了一道独特的风景线。

回首往昔看今朝，从店堂陈旧、光线暗淡的烟杂店，到开架销售、衣食用品一体的超市卖场，再到光亮整洁、服务规范的24小时便利店，这是城市在发展，也是时代在前进。人们以一种更轻松、更休闲、更精致的方式对待购物，那种为了购置生活必需品的急迫感渐渐淡去，城市的夜生活被星星般点亮，人们的生活也在这可触摸的商业变迁之中体会到多姿多彩的味道。

（周奕韵）

从卡拉OK到选秀梦

卡拉OK进入中国人的娱乐生活

卡拉OK，产生于日本。"卡拉"，在日语是"空"的意思；"OK"，原为日语的外来语Orchestra（英语，乐队之意）一词，卡拉OK传入中国香港后，被人幽默谐音为"OK"。卡拉OK，原意就是为练唱者的空伴奏。事实上，空伴奏磁带早就有了，但过去仅局限于专业歌界，供正式登台前练习所用。日本酒吧文化发达，不过囿于都市高昂的地价，酒店铺面大多很小，一般只能放下三四十个座位，乐队无处插足，顾客只能喝闷酒。有一天，井上大佑灵机一动，于1971年发明了第一台卡拉OK机，在酒吧里推广。从此，日本人就可以在"乐队"的伴奏下对酒高歌了。针对多数人唱歌不爱记歌词的特点，卡拉OK机后又加上影像与字幕。此后，"麦霸"对着"卡拉"就OK了。

卡拉OK很快风靡世界。先是盛传于中国港台地区，1987年前后，卡拉OK这种娱乐形式被引入到中国大陆。1987年，上海第一家卡拉OK厅在上海国际俱乐部开办。第二年9月，《羊城晚报》与荔枝湾歌舞厅联合举办了广东地区首届卡拉

OK大赛。1989年6月，北京有了第一家卡拉OK厅。同时，酒吧、歌舞厅、餐厅等各种娱乐场所也开始出现卡拉OK设施。

KTV是卡拉OK的延伸。K是"卡拉OK"的英译名词Karaoke的首字母，TV是电视的英文television的缩写。KTV是提供一定隐私和封闭空间的独立消费场所。在那里，你尽管大展歌喉，不怕没有这方面的才艺。通常认为，中国人特别是汉民族性格大多严肃认真、沉默寡言、保守内敛，根源在于汉民族音乐细胞欠发达的民族短板。然而，卡拉OK极大地改变了中国人的娱乐生活，从而也改变了人们对中华民族特性的认识。

"超级女声"放飞选秀的梦想

2003年，湖南电视台娱乐频道参照英国的王牌娱乐节目《流行偶像》（Pop Idol），仿制出《超级男声》节目。运作一年后，为进一步扩大节目规模和影响力，将"男声"变为"女声"，由此激发的选秀热潮出乎意料。

2004年5月，湖南卫视向全国直播《超级女声》比赛，收视率大增。随后，这档节目及其主持人多次分获不同奖项。这不过是光辉的开端，真正的高潮还在翌年举办的第二届《超级女声》。乳业巨头蒙牛集团作为冠名赞助商高调介入，该节目名称改为"2005蒙牛酸酸乳快乐中国超级女声"。这届活动及时回应观众的呼声，在选手"想唱就唱"的基础上，增加了观众"想说就说"的环节，使观众代表在活动海选阶段就有机会表达意见。在晋级阶段，又提升"亲友团"在节目中的比重，引入"家庭舞台"的概念；同时，还引入了"城市女声"概念，网评"最佳城市女声"，增强"超女"与城市的互动。在全国决赛阶段，又举办"女声夏令营"进行集训提高，在亲友团的基础上形成粉丝团，特别是采取大众票选和评委裁定相结合，共同决定"超女"的去留。短信投票在满足民意表达的同时，也让运营商与合作方赚得钵满盆满。

据统计，2005年《超级女声》决赛共有15人参赛，至少54万人参与票决，观众人数超过2亿，收视率居31个城市同时段播出节目收视份额第一，收视率首次超过了央视春节晚会，堪称"奇迹"。节目最后决出的三强李宇春、周笔畅、张靓颖，实现了从灰姑娘到"超女"的身份转变。中性化的李宇春甚至上

了美国《时代周刊》亚洲版的封面,此后走上了影视歌"三栖明星"的发展之路。

选秀热成就大众娱乐的新体验

眼见《超级女声》大受欢迎,从2005年起,各电视台跟风推出选秀节目:《我型我Show》、《加油!好男儿》、《梦想中国》、《绝对唱响》、《快乐男生》……近年红火一时的选秀节目还有《中国好声音》、《我是歌手》、《中国梦之声》、《我为歌狂》等。

这些选秀节目除了以《超级女声》为代表的唱歌秀,另外还新增衍化出创作秀、影视秀、表演秀、主持人秀、舞蹈秀、武术秀、戏曲秀等6类,如《中国好歌曲》、《中国达人秀》、《红楼梦中人》、《超级新秀》、《挑战主持人》、《舞林大会》、《武林风》、《非常有戏》等。选秀节目为有才艺、有梦想的年轻人提供了展示舞台,丰富了电视娱乐内容,实现了大众娱乐大众的策划目的。同时,选秀节目还潜移默化地改变了中华民族性格中身体语言僵硬、不善于在公众场合表现自己、古板单调等负面元素,这是值得特别肯定的地方。

(吴海勇)

告别"票证时代"

物资匮乏的年代

新中国成立初期,由于物资匮乏,关系民生的食品和日用品供需矛盾突出,国家在1953年10月出台了统购统销政策。1955年,以"中华人民共和国粮食部"名义制定的全国通用粮票开始在全国各地发行使用,粮票和购粮证作为"第一票"进入了新中国的票证历史舞台。自此中国百姓进入了长达约40年的"票证时代"。

20世纪60年代初的三年,物资极端短缺,老百姓生活必需品供不应求,全国许多地方发生了饥荒。在这种情况下,政府不得不迅速在全国主要城市实行以票证为主的配给制,对生活必需品进行按人按户的定量控制。当时设想票证制只不过是权宜之计,等待经济好转后就取消,无奈经济情况从来就没有好到可以取消票证的程度,短缺现象一直严重。

五花八门的票证

我国的票证种类数量堪称"世界之最",全国2500多个市

县,还有一些镇、乡都分别发放和使用了各种商品票证,进行计划供应,此外一些大企业、厂矿、农场、学校、部队、公社等也印发了各种票证。因此,那时节,票证五花八门,种类繁多,粮票、布票、油票、盐票、煤票、烟票、猪牛羊肉票、鸡鸭鱼肉票……就连买糖果糕点、火柴肥皂也要凭证凭票,票证成了城乡居民吃饱穿暖的一种保障。

在上海,过春节的时候还会印发年货票。年货票印在一张大约A4大的粉红或淡黄色的纸上,每家一张,有大户、小户的区别。一般家里有六口人以上的可拿到大户票,得到的年货量也多,比如可买一只鸡和一只鸭,小户就只能买半只。凭这张票,还可以买到鸡蛋、蔬菜、干货、瓜子、花生、食糖、酒类等,是每家每户过个好年的"入场券"。

逐步取消粮票

1980年,中共中央决定把粮油议购议销作为统购统销的补充,于是市场上又出现了一个时尚的新名词——"议价粮"。所谓议价粮,就是在百姓定量内执行平价,超出部分允许不用粮票,以高于平价的价格购得。与国家统一定价的平价粮不同的是,议价粮价格可按市场需求浮动,实际上就是"一种粮食两种价"。

随着城市居民的饮食结构渐渐发生变化,一日三餐副食增多,主食减少,因此,这时家家户户的粮票基本上都有所盈余。随着居民手头存积的粮票越来越多,粮票渐渐有了新的作用。人们半公开地把它当作一种流通货币,开始用粮票交易商品。那时大学食堂的菜品不像现在这样丰富多彩,不少大学生都有过拿粮票换鸡蛋改善伙食的经历。

变化最初发生在深圳经济特区。随着大量建筑工人和外来人员涌入深圳,粮食定量开始变得不足。全国各省(自治

区、直辖市）发行的地区粮票互不流通，出门要换取全国通用粮票，而全国通用粮票的发行也是受控制的。外来人口没有深圳的粮票，只好到自由市场购入高价粮。

1984年11月，深圳市委召开会议，研究在深圳市取消粮食凭证定量供应问题。消息传出后，曾有深圳市民提出："取消粮票后要是有人拼命买粮食怎么办？"深圳市领导也考虑到了这种情况，下令粮食部门多储备一些粮食，取消粮票，提高价格，敞开供应。如果发现周围地区大量抢购，再提高粮价和研究其他对策。

由于发挥了价格机制和供求平衡机制的作用，深圳取消粮票后，预料中的风波并未发生。深圳经验影响了全国。此后，由于改革开放形势的发展，再加上粮食连年丰收，全国其他地方也逐步取消了粮食定量供应。

曾经紧俏的物资逐渐不再紧俏

1988年，后来成为上海春申集藏社经理的申健筹办婚事。按照老上海的规矩要准备"三大件"：缝纫机、自行车和彩电。经过充分沟通，第一件由女方准备，第二件找了辆半成新的"凤凰"凑合，而要搞定一台彩电，却成了他完婚的一大难题。

几经辗转，申健终于找到"有路子的人"，对方拍胸脯保证"解决"。可是，就在婚期只剩三天的时候，对方打来电话告知：对不起，没有弄到。顿时，申健沮丧万分。下班途中路过徐家汇新华书店时，看到"买书中彩电"的广告，于是咬牙拿出全月三分之二的工资买书。天遂人愿，真的中了奖——一张凯歌电视票。

这就是当时物资紧俏的一个印证。不过这种紧俏随着市场经济的发展逐渐由充足的物资所取代。此后，商场里物品逐渐丰富起来，原先紧俏状况的东西变得不紧俏，用不着这票那票的了。

1993年，粮票、油票、购物证"寿终正寝"，继布票、自行车券等票证家族其他成员之后正式退出历史舞台。极具时代特色的票证，完成了历史使命。

（晏蔚青）

开放的广场，
属于我们自己的文化

广场文化的历史

  从考古中我们发现，早在新石器时代，远古的人类便已在他们的村落中建成了专门的中央广场或庙堂广场。他们在这公共区域里举行集会、议事、祭祀、欢庆等活动，经过不断的创造、积淀，直至今天，这些活动被我们称为最富有活力的民众文化形式——广场文化。而同时，有着悠久历史传统的广场文化，又在进入20世纪90年代之后，被赋予了新的内涵和魅力，成为方兴未艾、蓬勃发展的现代生活中不可或缺的部分。

  20世纪90年代以前的中国，广场并不多，只有分布在一些大中城市的中心寥寥数个。那时，人们还不习惯在光天化日之下表演才艺或跳集体舞。专业的演出团队，往往借剧院影院来排演节目。业余的艺术爱好者，也只能借助一些单位的便宜或免费的多功能厅、地下室，来圆自己的梦想。很多时尚的年轻人，则悄悄在舞厅里展现歌喉和舞姿。那时的广场，虽然并没有围栏或链条阻挡人们的脚步，却并不是老百姓可以自由娱乐的地方。只有上面组织，大家才有机会列队或是跳跃在那一方场地上。所以，人们只有在国庆节等重大的政治节日里，才能在广场上领略到如欢乐的海洋般汹涌的人群。

  要知道在当年，如果一个小朋友被层层选拔进入广场表演节目，或者仅仅是作为挥舞红花和彩带的背景，那也是无比稀罕和光荣的事噢，就像能够参加奥运会开幕式表演一样稀罕和光荣。因为，市中心广场是一个极其重要的政治场所，难得会有一场集会演出，而且都是重要的政治任务。如今每天都在跳广场舞的爷爷奶奶们，是知道这些事情的。但那些在广场上潇洒地练街舞或是赛滑板的哥哥姐姐们，则恐怕对此不甚了解。

对广场进行功能改造

起初，是一些大城市对原先的中心广场进行功能改造。比如上海的人民广场，改造前总面积达14万平方米，可同时容纳120多万人。若非节日庆典，则空旷而肃穆。20世纪80年代，人民广场综合改造工程被正式提上了议事日程。90年代后，市政大厦、上海博物馆、上海大剧院、城市规划馆、地铁人民广场站等7个主体建筑陆续建成投入使用，再加上人民大道南侧3个大型地下建筑——带式地下商城、亚洲最大城市型地下变电站、上海最大的地下停车库，以及开放式改造的人民公园、保留整修的长600米宽32米的花岗石路面、绿化隔离岛、宽阔的彩色人行道和非机动车道、弧线形的"月亮岛"地面交通集散中心、停车场等，使上海市民心中的人民广场焕然一新，不仅成为上海市中心的两叶"绿肺"，还大大改善了市中心的文化环境和商业品质。周边的商业楼宇和南京路步行街，也因着人民广场改造后的亲民和人气，获得了新的活力和繁华。

改造后的人民广场，不再是政治宣传的场所，而是展现上海新形象、新风貌的城市景观，是海内外游客和上海市民观摩艺术、休闲购物、散步娱乐的城市花园，是既可高端消费，又能享受免费艺术大餐和都市风光的开放乐园。如果你有才华有创意有激情，想在人民广场的某块彩色地砖上秀一把，没问题，不用审批。

随着各地中心广场的改造，以及中小城市里大量广场的建

设,人们渐渐地将广场当成了自己生活的一部分,当成了属于人民自己的公共区域。于是,各种各样自发的文化活动被搬进了这个舞台。舞蹈、歌咏、美术设计展览,以及各类新奇的创意秀、技能赛,都能在广场上见到踪迹。

很多乡村,看见城市里有那么多彩的广场文化,也纷纷自筹资金建设广场和舞台。每逢年节,各乡各村的耍戏高手或民间艺术团,在这些乡间广场舞台上大展身手,切磋比拼,别提多热闹了,还使得许多才华横溢的表演者从乡间广场出名,一步步走向了更广阔的舞台。

越来越精彩的广场文化

精明的商人自然不会放过如此精彩的元素。他们在大商场里也开辟出主题广场,用各种夺人眼球的演艺秀或感人至深的慈善活动来吸引顾客。或者干脆在做商业设计时,就将广场、购物、餐饮、娱乐和艺术展会等加以融合,使人们各取所需、流连忘返。

大大小小、种类繁多的广场,涉及那么多人——演出者、观赏者、走过路过者、周边居住者……这对管理者可是一大难题。好在人类的智慧不仅在于创造和展示,还在于约束和协调。身在广场的人们,自然会不断地发现问题,相互调整,制订出诸如《广场文化活动公约》这样的公共守则,来保障我们的广场更美丽、更快乐、更精彩。

我们的文化,使我们能拥有属于大家的公共、开放的广场。我们的广场,使我们每个人都可以拥有属于自己的文化,属于大众的文化。广场文化,生生不息,璀璨无比。

(唐旻红)

神奇的物联网

对于生活在互联网时代的人们来说，使用电脑或手机软件了解即时的天气信息、查看道路拥堵情况、通过远程控制完成工作任务等行为，已渐渐成为一种生活习惯。互联网结合各种电子设备的信息共享，形成了一张巨大的人与物、物与物之间相关联的"网"，这张网就叫作"物联网"。

"物联网"的巨大作用

在不太遥远的20世纪90年代，人们获取任何信息的渠道都因通信技术的不发达而受限，人们仍旧秉持着天亮则起、日落而息的生活方式，那时人们的生活，谈不上现代化、智能化。如果想要获取天气预测信息，要么观天象，要么每天在19时31分准时观看中央电视台的天气预报，气象站的天气信息无法便捷地传给每个人。而现在，气象分析人员使用电脑，定时搜集各气象站发布的数据，经分析处理后上传到网络。人们使用电脑或手机登录网站查询，便可获取最新最准确的天气信息。用手机查看交通状况、购买火车票、查询快递信息等类似的生活细节数不胜数，物联网的发展与运用在这些细节中悄无声息地让人们体会更质优更简单的生活。

和平、安全，是经济发展的前提。在事关人们生活安危的安全消防工作中，物联网发挥着更大的作用。以前，消防队、警察局只能通过人们的电话报

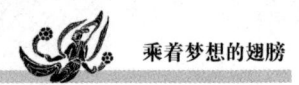

警获取灾情信息。在发生险情时,时间就是生命,对于高度重视时间效率的安防干警来说,能否在最短的时间内获取险情信息至关重要。物联网的存在,使安防工作的即时监控得以实现。例如,2008年北京奥运期间,物联网技术运用到视频联网监控、智能交通指挥、食品安全追溯、环境动态监测等方面,物联网技术的大量运用,为奥运会的顺利举行提供了极大帮助;2010年上海世博会的安防工作中,火警系统也是物联网运用的最佳例证。新型火灾安全监控系统能模仿人的眼鼻系统,不仅可以对空间进行实时的视频监控,而且电子设备一旦发现烟雾会立即向系统发回信号。物联网在安防上的运用,已进入人们的日常生活之中。例如,防盗系统通过物联网与110联网,当家里进入小偷时即可自动报警,保障家人与财物的安全,为平安生活增添一份保障。

越来越智能的生活

以经济建设为中心,是我国当前发展阶段的主要任务。邬贺铨院士曾指出,物联网大量的应用是在行业中,包括智能农业、智能电网、智能交通、智能物流、智能医疗、智能家居等。2010年,物联网在安防、交通、电力和物

流领域的市场规模分别为600亿元、300亿元、280亿元和150亿元。2011年，中国物联网产业市场规模达到2600多亿元。预计2015年将超过5000亿元。

以智能农业为例，北京金福艺农园区是运用物联网发展智能种菜的典范。技术人员可在远处的办公室里，随时掌握大棚实时温度、湿度、光照等情况，根据这些信息，计算机直接控制大棚的天窗、遮阳网、湿帘作业。传统农业作业中农民全凭经验进行浇水、施肥、喷洒农药。利用物联网技术之后，何时浇水、施肥、洒药，怎样保持精确的大棚内温度、湿度、光照及二氧化碳浓度，都有信息化智能监控系统实时定量，精确控制。不仅减轻了农民的劳作负担，提高了蔬菜产量，还能提高蔬菜的品质。农业已不再是农民"面朝黄土背朝天"式劳作种植的传统农业，伴随物联网技术的普及，农民的生活生产将迎来划时代的改变。

物流业，作为国内一门重要产业，借助物联网实现智能物流，对提升产业竞争力有着至关重要的作用。使用条码技术、射频技术对货物进行分类、跟踪管理，能够实时跟踪检测货品的状态信息。当货物到达一个运输节点时即进行数据采集并通过互联网分享，可以方便物流寄件人使用手机或电脑等网络终端查看货物信息。在物流不发达的时代，野蛮式管理，不仅消耗了大量资源，效率也非常低。以前通过物流运输一批货物，都是点对点运输，比如从海南运送一车香蕉前往上海，运输车并非满载，路途中遇到恶劣天气，都是导致货品损失和运输成本增加的因素。使用物联网技术后，物流公司可以得知同一时期某条线路上所有的待运物品，最大化运输工具的使用价值。同时也能根据车辆定位和货物监控设备发出的信号判断车辆位置和货物状态，并进行对运输的控制、互动。物联网与物流业的结合，加速了互联网时代电子商务的发展，让人们足不出户即可获得各种生活物资。

物联网的发展,从功能上让人们逐渐形成智能化的生活方式,在效益上提供放心、高效、便捷的优质服务,满足人们的生活所需,提高生活质量。而产业升级过程中形成的人才需求,还为社会提供了大量的工作岗位。如今人们的生活,早已不是十多年前那样单调粗放,科技的进步开启的是一个全新的世界。而物联网使得大众生活智能化,这种改变,还将继续创造更美好的未来。

(韩燕)

文教体育之春

从恢复高考到中外合作办学

社会呼唤"恢复高考"

1976年,"文化大革命"结束,十年浩劫给国家带来了严重的人才断层。1977年8月,主管教育科技工作的邓小平主持召开了一次科学与教育工作座谈会,邀请33位科学家和教育工作者,一起在人民大会堂畅谈教育。会上,有人讲到清华大学的教育质量时说,现在很多人只有小学毕业的程度,补习了8个月就学大学的课程,读了3年就毕业了,根本没有什么真才实学。邓小平听了此发言,当即不满意地说,那就应当叫"清华中学"、"清华小学",不能叫大学。

会议气氛热烈,讨论激烈。湖北大学的查全性教授激动地站起来请求改变当时的大学招生办法,他认为不是没有合格人才可以招收,而是现行招生制度招不到合格的人才。

与会人士抑制不住心头的激动,都情绪激昂地讲出自己心里憋了多年的话。他们一致建议国务院下大决心,对当时自愿报名、群众推荐、领导批准、学校复审的招生办法进行改革。邓小平当机立断:"既然大家要求,那就改过来。"

十天后,教育部在北京召开全国高等学校招生工作会议,决定恢复已经停止了十年的全国高等院校招生考试,以统一考试、择优录取的方式选拔人才上大学。

这次具有转折意义的全国高校招生工作会议决定，恢复高考的招生对象是工人、农民、上山下乡和回乡知识青年、复员军人、干部和应届高中毕业生。会议还决定，录取学生时，将优先保证重点院校、医学院校、师范院校和农业院校，学生毕业后由国家统一分配。

社会风气为之一变

1977年10月21日，中国各大媒介公布了恢复高考的消息，并透露本年度的高考将于一个月后在全国范围内进行。

一位78级学生描述说："当时一个同学特别兴奋地骑车来告诉我，说要恢复高考了。我一下子就惊呆了，眼泪一涌而出。我跟同学反反复复地说一句话：这下有希望了！当时那种情况，有点像在黑夜里走路，四面全是黑的，什么东西都看不见。恢复高考这个消息，相当于前头突然冒出火光，当时没有别的念头，只想着赶快蹦到那儿去。"

与惯例不同，1977年的高考不是在夏天，而是在冬天举行的，有570多万人参加了考试。虽然按当时的办学条件只录取了不到30万人，但是它却激励了成千上万的人重新拿起书本，加入到求学大军中去。

恢复高考是"文化大革命"之后中国高等教育、整个教育系统乃至全社会走向新秩序的开始。从这时起，国家不断改革、完善教育制度、扩大招生规模、自主招生、中外合作办学等举措使我国的高等教育事业迅速发展。

中外合作办学遍地开花

2003年3月，《中华人民共和国中外合作办学条例》颁

文教体育之春

布，国家鼓励引进外国优质教育资源的中外合作办学，鼓励在高等教育、职业教育领域开展中外合作办学，鼓励中国高等教育机构与外国知名的高等教育机构合作办学。同年10月2日，浙江万里学院和英国诺丁汉大学在英国签订了合作办学协议书，时任国务委员陈至立称"这是中英关系史上非常有意义的一件大事"。2005年5月，中国首家中外合作大学——宁波诺丁汉大学正式诞生。此后，中外合作办学在全国遍地开花，目前，经过教育主管部门审批备案的正规中外合作办学项目有1000多个，机构有100多个。

2013年8月12日上午，上海纽约大学的295名新生排队走进了华东师范大学的思群堂，在礼堂后排区域的家长和坐在前排的学校领导、老师全体起立鼓掌，迎接这所中美合作办学的国际化大学的第一届学生。几个月前，他们与5000名报考者一起参加了颇有特色的面试——"校园活动日"。

"校园活动日"通过一整天的精彩安排来呈现：前一天晚上邀请学生共进晚餐并安排一次住宿，第二天安排自我介绍、课堂教学模拟、讨论、游戏等更为精心设计的环节。通过这些活动，全面考察学生的求知欲、分析思考能力、全球视野、团队合作能力、人际沟通能力、创新及批判精神、组织能力、领导能力等综合素质。整个活动全程均用英语进行，如何用英语流利地表达自己的观点也成为考察的重要内容之一。

"校园活动日"后，上海纽约大学根据学生的综合表现，把符合录取条件的学生分为A、B两档。其中A档学生高考成绩达到一本线以上即可被录取；对于B档学生，则结合其高考成绩、"校园活动日"活动考察、高中学业水平考试成绩、学生综合素质评价等择优录取。

上海纽约大学由中国华东师范大学、美国纽约大学共同创办，2011年3月28日正式奠基，落户上海浦东新区陆家嘴金

融贸易区。它的这种不同于一般的高校招生，也不同于其他自主招生学校的招生方式，正体现了中外合作办学的特色。

（晏蔚青）

合力培育希望的幼苗

义务教育

20世纪初，一种新的教育制度——义务教育，在中国出现。1903年，清政府官方文件中把小学教育规定为义务教育。所谓义务教育，是根据法律规定，适龄儿童和青少年都必须接受，国家、社会、家庭必须予以保证的国民教育，是国家依照法律的规定对适龄儿童和青少年实施的一定年限的强迫教育的制度。

但由于朝代更替，战乱频仍，经济落后，民不聊生，义务教育在旧中国基本上停留在法律文本上，大部分国人都没有接受学校教育的机会。1949年，我国80%以上的人口是文盲，适龄儿童小学入学率不到20%，初中入学率仅为6%，工人、贫民、农民的子弟一般都无钱读书。

新中国成立后，党和国家提出要普及教育，提高全民族素质。进入改革开放新时期后，1986年4月12日，第六届全国人民代表大会第四次会议通过《中华人民共和国义务教育法》，规定国家实行九年制义务教育，要求省、自治区、直辖市根据该地区经济、文化发展状况，确定推行义务教育的步骤。该法于同年7月1日起施行。这是新中国成立以来最重要的一项教育法，标志着中国已确立了义务教育制度。

希望工程

　　法律和制度从制定形成到贯彻实施是有一个过程的，特别是在中国这样经济欠发达的发展中的大国。因此，在20世纪八九十年代，我国不少地区特别是农村，仍有相当多的孩子不能走进校门，成为失学儿童。也因此，20世纪90年代，催生了一项被公认为中国人为改善教育落后面貌付出爱心的一块丰碑的工程——希望工程。

　　1989年10月30日，中国青少年发展基金会对外宣布：面向海内外募集捐款，设立基金，开展救助贫困地区失学少年活动。从此，希望工程拉开序幕。

　　担任这个仅有10万元注册资金的基金会秘书长、法人代表的人名叫徐永光，时年40岁。1986年在广西调研时，大瑶山深处那些失学孩子的无助困境及农村基础教育极端落后的状况，深深刺痛了徐永光的心。他觉得有责任为那些孩子做些事。一天夜里，灵感来了，"希望"两个字忽然在徐永光脑海里跳出来——儿童是家庭的希望、国家的希望；教育是民族的希望；基金会的事业也将因救助失学儿童而充满希望。于是，"希望工程"取代了最初的"春雨计划"，正式定名。

支持求学的"渴望"

　　1991年，北京一家文化馆的一位名叫解海龙的宣传干部来到安徽省金寨县桃岭乡张湾村。跟着一群孩子，解海龙来到了学校。他看见了正在那儿低头写字的苏明娟，这时，正巧苏明娟一抬头，把解海龙的心牢牢地抓住了，他发现，这孩子的眼睛特别大，有一种直抵人心的感染力。当女孩握着铅笔再次抬头时，解海龙果断地摁下了快门。一张经典照片诞生了——一位小姑娘手拿铅笔，睁着一对大眼睛望着前方。从这张黑白照

片里,人们无需任何言语,就能从"大眼睛"里读出那种强烈的"渴望"。这张名为《我要读书》的照片被中国青少年发展基金会选为希望工程宣传标识,为全国各地报刊采用、印成招贴画等,成了在中国最著名的一张照片。从那时起,全国上下都开始向失学儿童捐款,许多捐款人就是冲着"大眼睛"这一形象去的。

希望工程改变了数百万贫困家庭孩子的命运。截至2012年,全国希望工程累计募集捐款87.3亿元人民币,资助农村家庭经济困难学生(包括小学、中学、大学生)逾450万名,建设希望小学18002所。

与此同时,九年义务教育取得长足进展。中共十六大以来,中央决定逐步在全国城乡实行免费义务教育。2005年底,国务院决定建立中央和地方分项目、按比例分担的农村义务教育经费保障新机制。"两免一补"(即免杂费、免书本费、补助寄宿生生活费)政策首先在592个国家扶贫开发工作重点县实施,2007年春季开始在全国农村全面实施。2008年9月1日,又免除了全国城市2800万名义务教育阶段学生的学杂费。至此,全国城乡义务教育阶段1.6亿多名学生的学杂费全部免除,城乡免费义务教育全面实现。到2009年底,全国普及九年义务教育人口覆盖率达99.7%,普及九年义务教育的县数占全国县数的99.5%。

(晏蔚青)

电视节目的变迁

从单本剧向连续剧发展

改革开放后,上海的电视事业逐步复苏。20世纪70年代末80年代初电视机开始大量进入普通居民家庭,推动上海电视事业走上快速发展的道路。上海电

视台的新闻、社教、经济、文艺、服务等节目逐渐形成了系列,群众参与型、竞技类节目相继出现。电视剧则从单本剧到连续剧,数量逐年增加,质量不断提高,成为传播面最广、影响最深,也最受观众关注的艺术品种。

作为全国第一家恢复电视剧创作生产的电视台,上海电视台于1979年7月,制作播放了歌颂张志新烈士的电视报道剧《永不凋谢的红花》,引起社会轰动,成为上海电视台电视剧复苏的信号和新的起点。电视剧这一新型的艺术形式也逐渐被电视观众接受和喜爱。同年,上海还先后摄制了电视剧《翻案》、《玫瑰香奇案》、《选择》、《祖国的儿子》。自1981年上海电视台摄制了第一部电视连续剧《流逝的岁月》后,上海电视就迅速地从单本剧向连续剧发展。

20世纪80年代前半期,在上海电视台、上海电影制片厂、上海市文化局共同努力下,上海创作摄制了一批优秀电视剧。《你是共产党员吗》、《卖大饼的姑娘》、《上海屋檐下》等电视剧相继在1981年全国优秀电视剧评奖活动、全国优秀电视剧飞天奖评比,以及大众金鹰奖的评比中入围获奖。此外,《穷街》还于1987年10月在日本札幌举行的第三届世界电视节上获纪念奖,这是中国电视剧第一次在外国举办的国际电视节上获奖。《窗台上的脚印》也于1989年在保加利亚普罗夫迪夫市举行的国际电视节上摘走了最高奖金匣子奖,成为中国第一部在国际上获大奖的儿童电视剧。

大力译制外国电视片

译制外国电视片,是这一时期上海电视事业发展的标识之一。1981年,上海电视台第一次译制播出外语片——26集日本电视连续剧《姿三四郎》,引起了轰动。1984年,上海电视台译制组成立后,上海先后译制播出了来自日本、法国、英国、美国、苏联的《血疑》、《血的锁链》、《缉私行动》、《玛丽安娜——拿破仑的一颗明珠》、《傲慢与偏见》、《埃利斯岛》、《两代夫人》、《岸》等351部电视连续剧、电视系列片和动画系列片。

1987年4月,上海电视台电视剧制作中心成立。此后,电视剧创作从电视台的日常业务工作中分离出来,从剧本的产生到前期拍摄、后期制作,形成了专业化生产线。这是电视节目制作体制的一大改革，它符合世界电视剧制作的发展方向，也推动了上海电视台电视剧创作水平的提高。

电视事业蓬勃发展

到1990年，上海电视剧的创作题材日益广泛，风格更加多样，艺术日趋严谨，在国内有较大影响。1990年摄制的电视剧《围城》，通过1937年主人公方鸿渐在欧洲留学回国后的人生经历，道出了"围在城里的人想逃出来，城外的人想冲进去。对婚姻也罢，职业也罢，人生的愿望大都如此"这一主要内涵，塑造了抗战时期一批中国旧知识分子生动的艺术形象，加深了作品讽刺和深沉的内涵，赢得了各界的好评，被称为"这是近年来'视坛'上的一次引人注目的艺术实践"，是中国电视剧发展史上最成功的名著改编和最代表电视剧创作水准的一部经典电视剧。

现如今，走进21世纪的上海电视事业更加蓬勃发展，根据不同电视内容开设不同频道，根据不同观众群体开播不同电视节目。电视节目已然成为居民家庭生活不可或缺的一部分，也成为伴随一代又一代人成长的家庭记忆与情感交流。

（马婉）

国学传统热

国学热在新时期兴起的时代背景

所谓"国学",也就是中华民族的传统之学、民族之学,是以儒学为主体的中华传统文化与学术。改革开放以来,文化热在中国悄然兴起,杜维明、余英时、成中英等海外新儒学成果开始反哺中国大陆。到20世纪90年代,这场文化热演化为国学热。

20世纪90年代国学热具体表现为国学研究得到全面的加强,先秦诸子、汉代儒学、魏晋玄学、隋唐佛学、宋明理学、乾嘉小学等,都得到新的学术关注。对古典文学与传统艺术,以及相关理论的研究热潮有增无减。新创刊的国学刊物《传统文化与现代化》、《学人》、《国学研究》等如雨后春笋般涌现,历史典籍整理、"国学"研究丛书批量付梓出版,对中华传统文化的评价前所未有地提高。其标志性人物孔子在经历了"五四"时期被打倒的厄运,又被尊为伟大的思想家、伟大的教育家、古代文明的先驱和圣人。唐诗、宋词、元曲等鉴赏辞典,以及儒释道三教经典的通俗读本行销市场,更有人倡导中小学生读经,或许更能反映民间对国学的热情。

国学热在改革开放新时期的第一波热潮，有着深刻的时代背景。首先，20世纪90年代国际形势巨变，思想多元化加剧，社会的急剧转型使一些人无所适从，这时中华民族传统文化重又绽放迷人的魅力。其次，随着社会主义市场经济的确立，出现了道德滑坡、诚信缺失的问题，传统文化重道德伦理的特性对于唤回社会道德良知理应具有积极意义。再次，全球化背景下多元文化交流激发文化寻根的冲动，国学蕴藏着中华民族的文化之脉，只有把握住民族的文脉才不致迷失于世界民族之林。最后，是日本与亚洲四小龙的文化示范、海外华人的积极推动之功。日本、新加坡、韩国、中国香港和中国台湾实现经济腾飞，与其尊崇以儒家伦理为核心的东亚价值观有着密切的关系。华侨华裔对中国历史文化的归属与认同，也彰显了国学对于民族的重要凝聚力。

新世纪国学热的新文化现象

步入21世纪，国学热高潮迭起，精彩纷呈，文化大事件与民众自发行动形成良性的互动。

据有关专家梳理，新世纪国学热有以下4个文化大事件可圈可点：

一是"儒藏编纂"工程。2002年，北京大学、中国人民大学、四川大学争先恐后地提出了儒藏工程的计划。第二年，教育部正式发布儒藏重大课题攻关项目，由北京大学牵头，相关高校分工负责，该项目后又在国家社科基金得到重大项目立项。受此影响，"子藏"、"子海"等国学典籍整理也先后上马，引起社会的广泛关注。

二是"甲申宣言"发表。2004年农历为甲申年，这年9月3日至5日，70位文化名人响应许嘉璐、季羡林、任继愈、杨振宁、王蒙等5位发起人的倡议，应中华民族文化促进会邀请，在京举行"2004文化高峰论坛"，联名发表"甲申文化宣言"，主张每个国家、民族都有权利和义务保存和发展自己的传统文化，张扬中华文化对于当今世界的重要启示意义。该宣言较以往更加体现了国学的文化自觉。

三是国学普及活动。北京大学等高校纷起开办国学班，得到社会的积极呼应。民间相关沙龙层出不穷,有的以四书五经等儒家正典为研读重点,有的以《三字经》、《弟子规》为入学门径,有的以诗词诵读为主。除了典籍研读、大众诵读,国际儒联等推动开展的儒学普及活动还注重道德教化。从2006年起,主流媒体进一步推波助澜。《光明日报》建立了面向大众读者的国学版;中央电视台第十频道《百家讲坛》栏目推出于丹讲《论语》节目,哄动一时,激励该栏目继续聘请各路专家开讲国学。此外,国学网站在互联网上也是热闹一时。

四是国学机构设置。2000年,北京大学将中国传统文化中心转型为国学研究院,开此先河。此后,中国人民大学、清华大学也纷纷效仿。国学院要把学科性质的发展带进学校,引发了国学要不要成为一级学科的讨论。无论如何,这些机构设置推动了国学的研究。

重在取今复古,继往开来

国学热的文化精要,不在于孔子像摆放在何处,而在于从传统文化中汲取有利于当代的历史养分。重振国学,旨在激活传统。传统只有活在当代,它才是有意义的。正如鲁迅先生所主张的那样:"外之既不后于世界之思潮,内之仍弗失固有之血脉,取今复古,别立新宗。"这理应是我们对待国学、对待传统的态度。

(吴海勇)

文教体育之春

台上台下的荣耀

用奖杯洗刷东亚病夫的耻辱

曾几何时,每当华人在世界体育的竞技场上秀出属于身体的特殊天赋和魅力时,我们会扬眉吐气地说:"过去,外国人蔑称我们为东亚病夫。今天,我们赢了,我们用冠军的奖杯证明了……"

20世纪80年代初,当女排健儿过五关斩六将,连续在世界杯女排赛、世界女排锦标赛、世界超级女排赛以及奥运会上夺冠时,整个中国沸腾了。一时之间,女排姑娘们成为这个正走出"文化大革命"灾难的民族英雄和偶像。她们的拼搏精神,也引领了那个时代振兴中华的潮流和激情。

紧接着,1984年的第23届奥运会上,中国射击运动员许海峰以566环的成绩获得男子自选手枪60发慢射冠军,成为该届奥运会首枚金牌得主,也是中国参加奥运会历史上的首位冠军得主。而之前的88年现代奥运历史上所产生的2500余枚金牌中,无一属于中国人。同样成为民族英雄的,还有中国队32枚奖牌的得主:有在这届奥运会上大放异彩的体操王子李宁、三连冠中国女排、第一代跳水女皇周继红、"天下第一剑"栾

菊杰……还让全球华人难以忘怀的，是世界对中国的瞩目。当开幕式上中国体育代表团入场时，进行现场直播的CNN播音员如此介绍："来自东方的巨龙——中国代表团。"全场观众起立欢呼，重返奥运会的中国代表团一亮相就引起了轰动。要知道，从1958年开始，中国奥委会就因反对国际奥委会制造"两个中国"而中断了对奥运会的参与。

30年过去了，今天，当我们再次盘点中国的体育硕果和奥运光环之时，我们不仅仍然记得并怀念着带给我们激动和振奋的许海峰，也发现了平亚丽——一位曾多年被忽略的奥运冠军，她在1984年残奥会上获得跳远金牌。她获取金牌的时间，要比许海峰早1个月。1984年6月，中国首次派出由24名残疾人运动员组成的残奥会代表团，参加了在美国纽约纳索县举行的第7届残疾人奥运会。来自北京的盲人姑娘平亚丽夺得的B2级别跳远金牌，早于许海峰于7月29日在美国洛杉矶获得的奥运金牌，成为中国人在奥运史上真正意义上的金牌"零的突破"。在这届残奥会上，中国代表团共获得2枚金牌、13枚银牌和9枚铜牌，另有9人次打破世界纪录。但限于当时中国的条件等原因，没有随行记者，平亚丽获得金牌的照片，还是从别国报纸上转来的。

越来越先进的体育理念

当一个民族越来越强大而自信，当一个国家将国民整体的体育素养和健康素质摆到了金牌数之上，当一个社会的文化与文明进程步入了现代化的轨道，这时，我们会发现所有的体育竞技场上的荣誉，以及领奖台下的荣光和精神力量。我们对体育精神、奥运精神，也有了更多的了解。

如今，中国的体育，已不再是国家队、省队这些举国体制的代名词。我们也拥有了职业联赛和自由职业选手；我们

也见识并尝试着蹦极、攀岩、冲浪、滑翔这些极限而有趣的运动；我们也能够在自家的国际标准赛场上观看世界顶级的F1（世界一级方程式锦标赛）、网球比赛，为国际一流赛手做现场支持；我们也为李娜和丁俊晖这样的"个体户"欢呼喝彩，因为他们带给我们的属于体育的欢乐和振奋，属于民族的自豪和酣畅，一点都不逊色。正是在这种进步的历程中，我们发现了平亚丽，我们意识到了任何一个中国人，无论健全或残疾，无论胜或败，都可以用体育精神的呈现和光大，去完整地代表中国，去实现零的突破。

于是，体育从荧屏走入了生活，荣耀也从台上铺展到了台下。全民体育的理念，逐步影响并改变着固有的举国体制。年轻的父母们越来越重视子女的身体素质和运动素养，少儿游泳、跆拳道、健美操、击剑、篮球、足球等，其热火程度已然不亚于英语、钢琴、绘画和舞蹈班；城市白领们，则将羽毛球、乒乓、游泳和瑜伽，当成了日常的必修，当成了与观赏小剧场话剧和音乐会同等时尚的文化消费；爷爷奶奶们，当然更是健身有方、养生有术，除了公园里的太极、慢跑、快走，连在为小辈们做饭烧菜、清扫房间时，都可以同步进行各类健身操……

这是一个漫长却令人兴奋的过程。中国之大，体育理念和健身习惯的养成、革新和普及，何其艰难，却势不可挡。让一个民族的人民运动起来，让每一个个体与国家一同强大起来，这才是事业，这才是体育事业的辉煌。

（唐旻红）

传统舞台艺术重焕青春

为中国传统戏剧注入西方戏剧新鲜血液

以莎士比亚的经典戏剧为京昆等中国传统戏剧的剧本,是20世纪80年代戏曲界所津津乐道的盛事。20世纪80年代初的传统戏剧剧目创新甚少,观众寥寥。虽然已经开始举办各项戏剧节,但是上海戏剧依然缺少气度恢弘、震撼人心的力作,因此在戏剧节评选中,大奖和剧本奖一直空缺。1986年,上海以举办首届中国莎士比亚戏剧节为契机,通过排演莎士比亚戏剧来探索传统戏剧的创新之路。这是在戏曲界中前无古人的创举,也是中西文化在中国传统戏剧中一次大融合。

在首届中国莎士比亚戏剧节上,来自全国各地的8个院团,献演了17台莎士比亚名剧。其中昆剧《血手记》,成功地改编了莎士比亚的名剧《麦克白》,并获得了好评。该剧在英国第四届爱丁堡国际戏剧节上献演和在英国20多个城市巡回演出时,受到国外观众和戏剧专家的赞扬,被誉为"惊人地忠于原著而富有中国民族传统风格"的杰作,被《泰晤士报》誉为"莎士比亚和中国传统多彩艺术的个性成功的演出"。直到现在昆剧《血手记》还长演不衰。

举办戏剧节

在为中国传统戏剧注入西方戏剧新鲜血液的同时,上海还通过举办戏剧节来促进戏剧创作和活跃戏剧舞台。经过几年的磨砺,到1989年,上海戏剧初步改变了前一阶段出现的"又多又快,不好不坏"的局面。当年各专业文艺团体演出剧目近70多台,其中新创作(包括改编)的剧目达39台之多。在这些剧目中,涌现出了一批有分量的优秀剧目,京剧《曹操与杨修》、《盘丝洞》,沪剧《雾中人》、《牛仔女》、《一夜生死恋》,昆剧《长生殿》、《潘金莲》、《占花魁》,越剧《西施归越》、《血染深宫》,淮剧《金鞭记》等。

在这些创新的优秀剧目中,上海京剧院推出的新编历史剧《曹操和杨修》是这一时期最具代表性的优秀剧目。该剧成功地运用现代意识来审视历史人物和事件,并在艺术完整性上达到相当高度。在表演上,该剧不仅充分运用了传统的表演手段,而且广泛借鉴电影、话剧技巧,精确扎实地把握了人物性格,赋予了人物多重的个性色彩,并向观众展示了曹操与杨修两个灵魂的撞击,融合了历史感与时代感,使全剧极具京剧之美、深刻的人文意蕴和浓重的现代意识,成为一部具有巨大思想穿透力和艺术震撼力的作品。该剧在1988年天津举行的"全国京剧新剧目汇演"中,名列优秀新剧目奖榜首,1989年,又荣获中国戏曲学会颁发的金盾奖。

在艺术手法上创新的还有当时被称为"新海派"京剧的《盘丝洞》。该剧在表演中兼容了魔术、机关布景和歌舞表演等多种艺术元素和技术手段,突出神话色彩和海派风格,加强了该剧的技艺性、文学性和可看性。该剧一时掀起了京剧热,观众人次达20万以上,得到各界高度评价。1991年被选进京参加全国纪念徽班进京200周年演出,并荣获文化部文华剧目奖。

　　当然，除了新创剧目，各戏曲剧团还对一些传统剧目加以整理改编，加入时代的意义与现代舞台技术的表演方式，推出了一批批脍炙人口的崭新传统剧目。例如，上海昆剧院推出的昆剧《长生殿》，一方面保留了昆曲优美的唱腔与优雅的身段，另一方面又提升了舞台的舞美效果，使剧中的人物与剧情更加深入人心，从而使该剧既汲取了原作的精华，又具有剧诗般的品位。

　　中西文化在中国传统戏剧舞台上再一次交融，传统戏剧在舞台上的再一次涅槃，中华文化在舞台上的再一次绚烂，让京昆等中国传统舞台艺术汲取中西文化精华再一次重新焕发青春。

（马婉）

多姿多彩的"中国文化年"

"中法文化年"设想实现

2003年10月6日,"中国文化年"在巴黎拉开帷幕。这天,巴黎东南面的金门宫前,大红地毯沿台阶一路铺上宫门,大堂内洋溢着热烈的气氛。《走近

中国——中国当代生活艺术展》和《东方既白——中国二十世纪绘画展》在这里举行了开幕剪彩仪式。

　　法国人对中国文化的兴趣可以追溯到很久以前，而在当代法国，有一个人对中法文化交流起到了关键作用，他就是法国前总统希拉克。希拉克对文化的热爱众所周知，他尤其对中国文化感兴趣。据说，他在上海博物馆观赏中国古代青铜器时简直入了迷，与专家聊得不亦乐乎而忘了时间，以至于不得不推迟下一个行程。他还曾专门跑到西安远郊的一个小镇去观赏当地新出土的文物呢。1999年，中国国家主席江泽民访法，在与希拉克总统会晤时，对方初步提出了举办"中法文化年"的设想。这一提议得到了中方的积极回应。作为历史悠久的文化大国，中国政府一直希望能将中国的文化精髓推向世界，同时也让中国的百姓有更多的机会欣赏到海外的优秀文化，而法方提议举办的"中法文化年"分"中国文化年"与"法国文化年"，分别在对方国家举办，总跨度长达两年，其间中国和法国可以举行一系列文化活动来推广自己的文化，这与中方的想法可谓不谋而合。

"文化年"沟通了中国与世界

　　2003年10月，"中法文化年"正式启动。在"中国文化年"期间，巴黎的乔治五世大街、弗朗索瓦一世大街和蒙田大道展出的众多奢侈品中，有了更多的中国元素。纪梵希等高档时装店纷纷以中国的五星红旗为装饰背景。以水晶加工出名的莱俪公司也推出了中国十二生肖的水晶制品。不少画廊纷纷推出自己麾下艺术家有关中国的新作，有的还将收藏的中国古代皇袍、军服和其他丝织品展示出来，让人观赏。卢浮宫古玩商场还专门举办了一次中国古玩展。

　　法国的"中国文化年"的主题是"古老的中国、多彩的中国、现代的中国"。应该说，法国人对"古老的中国"早已情有独钟，对"多彩的中国"也多有研究，唯独对"现代的中国"还稍稍有点陌生。随着"中国文化年"在巴黎刮起的一阵又一阵中国风，巴黎许多公共场所都插上了五星红旗。在卢浮宫地下厅里举办的中国时尚服装展和中国民族服装展，更是吸引了一大批法国时尚名流的眼球。加上中国载人飞船"神舟五号"的成功升空和回收，法国境内掀起了一股"现代中国风"的热潮。

在法国举办的这次"中国文化年",是中法两国自建交以来规模最大的一次文化交流活动,堪称两国关系史上的一个里程碑。"中国文化年"不只是重复展示过去的中国,而是更多地着眼于展示中国未来的发展方向。当代的中国文化引起了法国乃至整个西方世界的关注。中国已从过去单纯的接受式的开放,进一步转向全面的开放,这是一种接受与给予相结合的开放,一种既求知于外部世界也让世人了解中国的开放。

2004年7月2日,"中国文化年"活动在法国圆满结束。在随后的几年中,"中国文化年"活动先后在俄罗斯、意大利、澳大利亚、土耳其、德国等国家成功举办。多姿多彩的"中国文化年"逐渐成为推动国际文化艺术发展的力量,也成为中国与世界沟通情感的重要桥梁和纽带。

"孔子学院"应运而生

随着"中国文化年"活动的进一步展开,越来越多的外国友人开始对中国文化产生了浓厚的兴趣,以汉语教学为主要内容的"孔子学院"便应运而生。孔子学院并非一般意义上的大

学，它是推广汉语和传播中国文化与国学的教育及文化交流机构，是一个非营利性的社会公益机构，一般都下设在国外的大学和研究院之类的教育机构里。孔子学院秉承孔子"和为贵"、"和而不同"的理念，旨在推动中外文化的交流与融合，以建设一个持久和平、共同繁荣的和谐世界为宗旨，这也是全世界华人的共同理想。2004年11月21日，全球第一所孔子学院在韩国首都首尔挂牌。截至2010年10月，全球已建立322所孔子学院和369个孔子课堂，分布在96个国家和地区。

　　400多年前，意大利传教士把记录孔子言行的《论语》一书译成拉丁文带到欧洲，儒家学说传播到了西方。如今，儒家学说已走向了五大洲，各国孔子学院的建立，正是孔子"四海之内皆兄弟"、"和而不同"及"君子以文会友，以友辅仁"思想的实践。

　　但愿越来越多的"中国文化年"和"孔子学院"，将中国的优秀文化传播到世界各地，让中国人的梦想之旅，走入又一个新天地！

（顾云卿）

众志成城

抵抗亚洲金融风暴

亚洲金融风暴

1997年7月2日,泰国宣布放弃固定汇率制,实行浮动汇率制,由此引发了一场遍及东南亚的金融风暴。当天,泰铢兑换美元的汇率下跌17%,外汇及其他金融市场一片混乱。在泰铢波动的影响下,菲律宾比索、印度尼西亚盾、马来西亚林吉特相继成为国际炒家的攻击对象,纷纷贬值。10月下旬,国际炒家移师国际金融中心香港,矛头直指香港联系汇率制。趁美国股市动荡、日元汇率持续下跌之际,国际炒家对香港发动新一轮进攻。恒生指数跌至6600多点。香港特区政府在中央政府的强力支持下,予以回击,香港特区政府动用外汇基金进入股市和期货市场,吸纳国际炒家抛售的港币,将汇市稳定在7.75港元兑换1美元的水平上。一个月后,国际炒家损失惨重,无法再次实现把香港作为"超级提款机"的企图。11月17日,韩元对美元的汇率暴跌,韩国爆发金融危机。1997年下半年受周边危机的影响,日本一系列银行和证券公司相继破产,日本也被卷入亚洲金融危机。

发生于1997年的这次世界性金融风波,使得泰国、印尼、韩国等国的货币大幅贬值,同时造成亚洲大部分主要股市的大幅下跌。它也冲击亚洲各国外贸企业,造成亚洲许多大型企业倒闭,工人失业,社会经济萧条。泰国、印尼和韩国是受此金融风暴影响最严重的国家。新加坡、马来西亚、菲律宾,以及中国香港、中国台湾甚至中国大陆都受到冲击。

中国政府的应对之策

香港庆祝回归的喜庆气氛尚未消散,亚洲金融风暴便已黑云压城。在请示中央政府后,特区政府果断决策,入市干预。经过几轮"肉搏战",国际炒家弹尽粮绝,落荒而逃。香港取得最终胜利,保住了几十年的发展成果。而为了帮助亚洲国家摆脱金融危机,中国履行了自己的诺言不对人民币实行贬值,并通过国际机构和双边援助来支持东南亚国家的经济,充分展现了负责任的大国风范。因此,在亚洲金融危机中,唯一坚持货币不贬值并且成功的只有中国香港和内地。

在亚洲金融风暴中,在周边国家货币全部大幅度贬值的情况下,中国坚持人民币不贬值的压力是巨大的,因为大量的出口订单转向周边国家的企业了——他们的货币贬值了,直接导致这些国家的成本优势超过了中国。为缓解亚洲金融危机,中国政府采取了一系列的积极政策:

一、积极参与国际货币基金组织对亚洲有关国家的援助。1997年金融危机爆发后,中国政府在国际货币基金组织安排的框架内并通过双边渠道,向泰国等国提供总额超过40亿美元的援助,向印尼等国提供了进出口信贷和紧急无偿药品援助。

二、在坚持人民币不贬值的同时,中国政府采取努力扩大内需,刺激经济增长的政策,在外需放缓的同时刺激内需,保持了国内经济的健康和稳定增长,对缓解亚洲经济紧张形势、带动亚洲经济复苏发挥了重要作用。

三、中国与有关各方协调配合,积极参与和推动地区与国际金融合作。

中国在亚洲金融危机中能够独善其身,除了应对得法之外,还有一些重要的原因。第一是中国的改革走了一条稳健

的道路，金融体制没有完全放开，尤其是资本账户没有完全开放；第二是1994年以来中国的外债结构比较合理，不像其他东南亚国家借了太多的短期外债，一旦爆发危机就陷入困境，中国当时短期外债很少，引进外资主要是国际直接投资，即国外企业在中国进行的实业投资，这种实业投资不会因为金融危机的冲击而突然要求撤出，都是长期性的投资；第三是危机爆发的前几年，尤其是1994年朱镕基总理上台之后，中国在稳定货币和规范金融市场等宏观经济管理方面取得了进步，通过财税体制、金融体制和外汇体制等一系列改革，增强了抗风险能力。

　　回顾改革开放以来的历史，可以发现东南亚金融危机是一次重大危机，是对中国改革开放的一次考验，在这个考验中，中国积极应对，没有因为金融危机而放弃改革开放的道路，没有因为金融危机而放弃融入全球贸易体系的决心和努力，坚持走自己的路，为后来的经济社会发展赢得了良好的机遇，打下了良好的基础。

（韩燕）

与洪水作战

百年不遇的洪灾

1998年，中国遭受了百年不遇的特大洪涝灾害。面对肆虐的洪水，中国人民万众一心，力挽狂澜，与洪水展开了一场波澜壮阔的斗争，谱写了一首惊天动地的壮丽诗篇。

进入6月，由于气候异常，暴雨频频，洪水先后在长江流域和松花江、嫩江流域肆虐。长江发生了自1954年以来的又一次全流域性特大洪水，东北松花江、嫩江也发生三次大洪水，其来势之猛、洪峰水位之高、持续时间之长、为害范围之广均超过历史最高纪录。在此之后，珠江流域的西江、福建的闽江等河流相继发生了百年一遇的大洪水。这场大洪灾，使广大人民群众的生命财产安全受到严重威胁。到8月下旬，全国32个省（自治区、直辖市）有29个遭受了不同程度的洪涝灾害，受灾人口达2.3亿人，直接经济损失超过2000亿元。

面对严重的灾情，中共中央、国务院及时做出"严防死守，确保大堤安全，确保重要城市安全，确保人民生命安全"的指示，命令解放军、武警官兵全力支持抗洪抢险。接到命令，人民解放军和武警官兵立即开赴抗洪救灾第一线，同沿江数百万干部群众一起日夜奋战，与洪水展开殊死搏斗。

军民齐心抗洪

　　在抗洪斗争中，广大官兵冲锋在最危险的决堤口，战斗在最艰苦的大坝上，以严守死保、决战决胜的英雄气概，与人民群众一起战胜了一次又一次的洪峰，在一系列重大战斗中发挥了关键作用，为保卫人民群众生命财产安全做出了巨大牺牲。面对惊涛骇浪的威胁，面对失去家园和亲人的痛苦，广大灾区人民群众化悲痛为力量，舍小家保大家，斗志昂扬地与洪水展开搏斗。儿子牺牲了，父亲冲上去；丈夫殉职了，妻子顶上去。从四川到湖北，从湖南到江西，从哈尔滨到大庆，千百万抗洪大军斗志昂扬，信心百倍，以不屈的意志筑起了一道不倒的长城，"人在堤在，誓与大堤共存亡"的口号声响彻云霄。

　　在抗洪斗争中，涌现出了无数感人至深、可歌可泣的故事。我们的人民子弟兵，从上到下，从将军到士兵，为人民在水中筑起了一道血肉长城。在九江防洪墙堵口战斗中，解放军战士第一个跳进巨浪翻涌的洪水中。200多名战士相互用绳子绑住,小腿绑上沙袋,一排排拴在一起,筑成人墙在水中打桩筑坝。等到上岸,战士们已经浑身是伤。在武汉丹池口发生险情时,68岁的抢险英雄王占成,从家里奔到现场,两次跳入江中,又两次潜入江底,找到了直径1米的隐洞,保住了武汉长江干堤。

一方有难,八方支援

与此同时,国家及时拨付应急资金,调动救灾物资,组织干部到救灾一线。一方有难,八方支援。全国各兄弟省、直辖市、自治区纷纷为汛区、灾区运送物资,派遣医疗队等。万众一心,其利断金!全国人民心系灾区,情系灾区,大力支持抗洪一线军民。全国各族人民,地不分南北,人不分老幼,急灾区人民之所急,想灾区人民之所想,纷纷将爱和温暖送向受尽洪魔肆虐的同胞。从首都到边疆,从内地到港澳台,一车车物资设备,一笔笔捐款,12亿人民的凝聚力空前加强,成为抗洪一线军民的坚强后盾。在不到一个月的时间里,中国内地收到的捐助款物折合人民币达28亿多元。港澳同胞、海外侨胞也与祖国人民心连心,踊跃为灾区捐款,表达了一份赤子之心。

百年不遇的大洪水终于在勇敢的中国人民面前退却了。历史将记住两道堤坝:一道由抗洪军民用血肉之躯和沙石泥土筑成;另一道则是中国人用强大的爱国情感和民族之魂筑成。这场斗争的胜利是人类抗洪斗争史上的奇迹,显示了中华民族的强大凝聚力,体现了中华民族的优秀民族精神,必将彪炳千古,永载史册。

(王云飞)

众志成城抗击SARS

SARS病毒，令人闻之色变

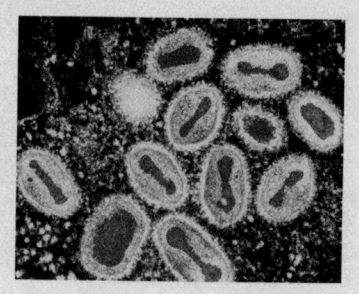

SARS冠状病毒，属冠状病毒科，形态与冠状病毒相似，却是一种新的病毒种。SARS主要经飞沫传播，也可通过接触者呼吸道分泌物、排泄物，经口、眼等传播。一旦传染，潜伏期一般为4至5天，起病急，通常以发热为首发症状，伴随着头痛乏力、肌肉酸痛，继而出现肺炎症状，如干咳、呼吸困难等。正是着眼于如此症状，这一传染病被称为传染性非典型性肺炎，简称"非典"。2002年底至2003年上半年，SARS病毒肆虐中国，席卷全球，因其传播快，病死率高，一时没有对症的药物，使人谈"非典"而色变。

大风起于青蘋之末。2002年12月27日，中国工程院院士、广州呼吸疾病研究所所长钟南山会诊了一位呼吸病患者，不寻常的病症引起他的警觉。2003年初，广东省河源市、中山市发生两起医院和家庭聚集性不明原因肺炎病例，经过回顾性调查，发现最早的病例发生在2002年11月16日的广东省佛山市。此病在南方省市迅速蔓延开来。不久，有传言说服用板蓝根、熏醋能够防治"非典"。于是，这两样物品在当地遭到市民的疯抢。临近春节，病毒被赶着回家的旅游、商贸、移民人群迅速扩散开去。

　　2003年2月3日，广东省非典型性肺炎医疗救治专家指导小组成立，钟南山任组长。2月12日，新华社首次报道广东发生"非典"疫情，病例305例，死亡5人。在短短不到一个月的时间里，全国26个省、自治区、直辖市相继出现疫情报告。中国香港、中国台湾，以及越南、新加坡、加拿大多伦多等地也发生疫情。3月12日，世界卫生组织发布了全球警报。3天后，世界卫生组织将此病定名为严重急性呼吸综合征（SARS）；27日，世界卫生组织宣布北京为"非典"疫区。4月12日，钟南山攻关小组分离出了新型冠状病毒，SARS病毒终于被锁定了。

众志成城，共抗"非典"

　　北京成为"非典"重灾区。上下班高峰时间，满城尽戴大口罩。听到一声咳嗽，人们避之唯恐不及。担心与恐惧挥之不去：千万不要感冒发烧，生了病也不敢轻易去医院，因为据说许多"非典"患者就在那里被传染的，医院根本就治不好"非典"。4月3日，卫生部部长张文康宣称"在中国工作、生活、旅游都是安全的"。第二天，北京市市长孟学农又称北京病例在市民中的比例不大。如此表态可能是安定人心的传统做法，但是空言掩盖不了疫情的继续恶化，张、孟二人为此成为众矢之的。

　　4月20日，高强在第三次新闻发布会上宣布，全国"非典"病例上升至1807例，其中死亡79人；北京病例飙升至339例，死亡人数上升至18人，相关数据较前一天成倍增加。同日，中共中央、国务院明确要以对人民高度负责的态度，及时发现、报告和公布疫情，决不允许缓报、漏报和瞒报。卫生部决定，原来五天公布一次疫情，改为每天公布。由于防治"非典"不力，张文康、孟学农被免职。王岐山临危受命，代理北京市市长。

　　4月22日，北京全市疫情报告直通专网建成。政府、部队、医疗体系纷纷行动起来，7天后，一座专门医院在昌平小汤山拔地而起。来自全军和武警部队的1000多名医疗专家、技术骨干和护理人员迅速进驻小汤山医院，开展救护

"非典"患者的工作。在其他相关城市,地方和军队广大医务工作者也是迎难而上、奋不顾身、顽强拼搏,组成了战胜"非典"的强大突击队。

这是一场没有硝烟的战斗,但同样会有牺牲。3月25日,广东省中医院护士长叶欣殉职,成为抗击"非典"战斗中第一位被患者传染而牺牲的医护人员。此后,广州市胸科医院医生陈洪光、香港屯门医院医生谢婉雯等也倒在自己的岗位上。2003年中国抗击"非典"的600多万名医务工作者中,共有40多人献出了宝贵的生命。

全国各族人民万众一心、众志成城、群防群控,开展了一场声势浩大的人民战争。防治用品,实现全力供应;公话亭、邮筒、电梯等公用设施,与出租车、公交等交通运输工具及时消毒;机场、车站、码头等交通要道停用空调,开启窗户,全面消毒;学校采取措施,严加防范;社区更是筑起防范"非典"的屏障,守望相助。

5月9日,北京新增病例数首次减至50以内。《突发公共卫生事件应急条例》公布施行。15日,小汤山"非典"定点医院第一批7名患者痊愈出院,让人们看到了战胜"非典"的希望。6月2日,全国首次出现无新发病例报告,此后再无新增病例。13日、24日,世界卫生组织先后将广东、北京从"近期有当地传播"的名单上删除,中国抗击"非典"的斗争取得了胜利。

(吴海勇)

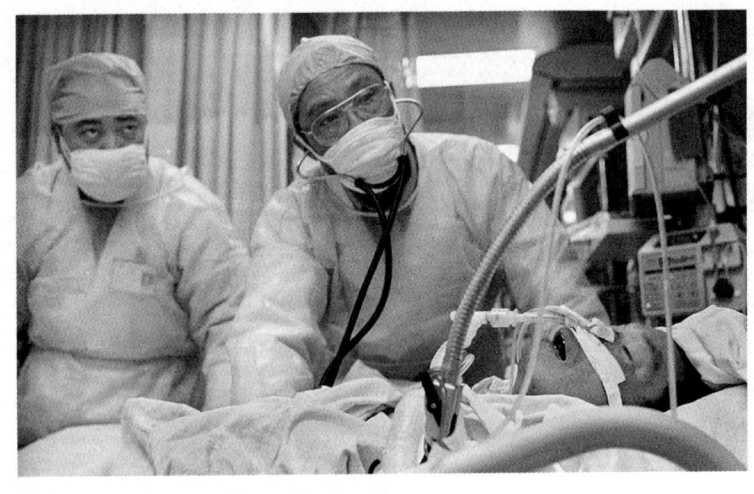

众志成城

汶川抗震救灾

2008年5月12日14时28分,四川省阿坝藏族羌族自治州汶川县(北纬31.0°,东经103.4°)发生里氏8.0级地震,震源深度14千米。震中位于映秀镇与漩口镇交界处、四川省省会成都市西北偏西方向79千米处。瞬间,汶川县与外界联系的一切通信、道路中断。剧烈的地震冲击波迅速向外扩散,周边的县市特别是汶川东北方向的北川县受灾十分严重。地震波及大半个中国及亚洲多个国家和地区。北至辽宁,东至上海,南至香港、澳门、泰国、越南,西至巴基斯坦均有震感。

截至2008年9月18日12时,汶川大地震共造成69227人死亡,374643人受伤,17923人失踪。汶川地震是中华人民共和国成立以来破坏力最大的地震,也是唐山大地震后伤亡最惨重的一次。

震后各方迅速反应

5月12日15时55分,中共中央总书记胡锦涛做出重要指示,要求尽快抢救伤员,保证灾区人民生命安全。

16时40分许,中共中央政治局常委、国务院总理温家宝乘专机从北京起飞奔赴灾区。

23时40分,国务院总理温家宝在地震灾区都江堰市临时搭起的帐篷内召开国务院抗震救灾指挥部会议,分析当前抗震救灾形势,部署下一步抗震救灾工作。

当晚,中共中央政治局常务委员会召开会议,中共中央总书记胡锦涛主持会议,全面部署当前抗震救灾工作,决定成立抗震救灾总指挥部。

军队的处置突发事件应急机制也迅即启动。总参谋部发出指示,要求全军部队坚决贯彻军委主席胡锦涛的重要批示,迅速组织灾区驻军全力投入抗震救灾,想方设法救人。

地震发生21分钟后,即14时49分,成都军区派出查看灾情的4架直升机起飞。解放军6100名官兵和武警3000余名官兵开赴救灾,成为第一批出现在救灾现场的部队。

几小时内,数万大军完成集结,铁流滚滚涌向汶川。由于通往汶川的道路一直中断,依靠机械化和摩托化输送无法到达,部队连夜徒步开进。截至15日8时,解放军和武警部队共投入13余万人,出动军用运输机、直升机飞行近300架次,进入灾区全部58个乡镇。

专业的医疗队也连夜出发。解放军总医院6个专家组的专家脱下白大褂,换上迷彩服,奔赴地震灾区。

这场突如其来的自然灾害,把13亿中国人的心紧紧地联系在一起。

主动接受国际援助

5月15日上午,中国政府正式向日本政府发出了派遣国际救助队的邀请。16日9时45分,日本政府派遣的首批31名专业救援人员星夜兼程抵达距成都400千米的青川县关中镇,开始了地震救灾行动。这是此次地震以来,中国政府接受的第一

个外国救援队伍。

随后，俄罗斯、韩国、新加坡等国也纷纷派遣专业救援队赶赴地震灾区协助救援。237人的国际救援队伍不仅具备在国内外进行地震救灾工作的丰富经验，同时，还携带着搜救犬和专业搜救设备。

在此之前，中国已多次参与了包括伊朗地震、印尼海啸、巴基斯坦大地震和印尼大地震在内的多次国际救灾合作，与多国政府、联合国机构、区域组织、非政府组织建立了密切的合作关系。但是，作为受灾国，接受国际救援人员参与救灾行动，这在新中国的历史上还是第一次。

之后，来自俄罗斯和日本的国际医疗队也先后抵达四川，前往四川彭川市和德阳市参与救治伤员的工作。

主动接受国际救援，中国政府正以大国的胸襟和积极的姿态融入世界。

信息公开透明

在汶川大地震发生后不到10分钟，国家有关部门就迅速通过新华社向社会发布了消息，并及时发布了各地的震感信息，使群众很快知道了事情的真相，避免了恐慌发生。

之后，政府、新闻媒体及时、滚动发布情况通报，新闻媒体不断从地震现场发回来的新闻报道，让全世界都了解了地震灾区的真实情形。地震伤亡人数在互联网上实时更新，媒体滚动播出最新消息，人们近距离、真实地看到地震之后的诸多场景和细节。

信息公开有效地制止了各种谣言的传播，有效地维护了社会稳定。同时，及时的信息公开大大提高了抗震救灾的效率。从公开顺畅的信息披露中，指挥者可以准确有效地进行抗震救灾的决策，救援部队可以及时赶到救灾现场实施救助；社会各界能够迅速了解灾区急需的物资和其他迫切需要，从而快捷地调运各种急需品运往灾区；信息公开更激发了广大群众强烈的爱国心和同情心，继而汇成了一股股向灾区捐款捐物的洪流。

汶川地震是一场灾难，但在震后人们欣喜地看到，面对劫难，中国政府显示了自信和强大的感召力，13亿人民张扬了人性的光辉。灾难汇聚起了万众民心，凝结成了无穷力量。这一力量和国家力量一起，推动着中华民族走过灾难，迈向繁荣富强，实现伟大的中国梦！

（白璇煜）

国内援建

众志成城

上海支援全国

　　已实施多年的上海援建国家边远、贫穷地区，让全国各族人民与上海人民一起，朝着理想奔向富裕之路，这又何尝不是对"中国梦"的一种有力注解。2014年，上海，这个具有百多年发展历史的沿海发达城市，"国内援建"又进入到了一个新的阶段。单2013年上半年，上海市委组织部、市人力资源和社会保障局、市政府合作交流办，就完成了多批次近二百名援藏、援青、援疆、援滇干部、人才，前往那些落后地区，以期帮助他们实现富裕梦、中国梦。

　　其实，"上海支援全国"，与全国人民一起早日将中国建设成繁荣富强的祖国，这是几代上海人努力践行着的梦想。1949年10月，在新中国建立之初，百废待兴的人民政府刚刚从战争的泥淖中解脱，"建设一个崭新的中国"成为全国人民共同的美好愿望。于是，根据形势，根据"一五"计划期间"沿海紧缩战略，将国家工业发展的重点放在内地"的战略，党中央从全局考虑，将具有百多年发展历史的重要工业基地——上海，作为"全国一盘棋"考虑。由此开始，上海，作为全国工

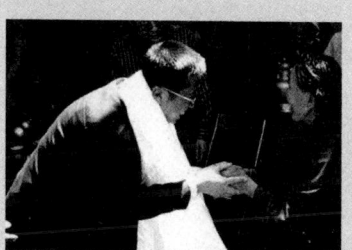

业的重要基地,拉开了东部援助西部、援助全国的"支援"序幕。据资料显示,自新中国成立后,单1950年至1958年,上海就通过商业部门从沪上调出工业品总值达302.3亿元;而支援全国的机器设备、工业品等原材料更是不计其数。

全国帮助上海

要实现新中国的强国梦,需要的是"上海支援全国",但同时也需要"全国帮助上海"。对于这样的需求,最为典型的是20世纪60年代。当时的上海,作为全国最重要的工业基地之一,是一个工业原料和生活、生产资料根本不可能完全自给的城市,后续的经济发展面临着挑战。特别是在全国各地蜂拥而上的工业大规模投资建设后,粮食、工业原料原本就捉襟见肘的城市经济发展,出现了"体力不支"等问题。最终,在全国人民的帮助下,尤其是党中央通过扩大上海行政区域面积等做法,对上海的城市经济给予了有力支持,从而使上海克服了依靠自身不可能克服的巨大困难。

全国一盘棋

从此以后,"上海是全国的上海"、"上海支援全国,全国帮助上海"成为了"全国一盘棋"策略中"重要一环"。在支援全国,援建基础项目方面,上海始终走在全国的前面,尤其是改革开放后,对于全国一些边远、贫穷省份的援助,上海更是责无旁贷。1994年7月,当中央第三次西藏工作座谈会确定"分片负责、对口支援、定期轮换"援藏原则后,上海担负起了对口支援西藏日喀则地区的江孜、亚东、拉孜、定日四个县的任务,2001年还增加了萨迦县。此后,援藏、援疆、援滇、援青、援黔、援川、援三峡……一系列的支援国内基础建设，帮助边远、贫穷地区的任务，成为上海人的责任。

"国内援建"中最为典型的是，在援助西藏建设过程中，当上海接受任务后，市委立即将"选派干部与智力支持"相结合，不仅在财政上给予援助，更从社会帮扶、硬件建设与软件投入等综合方面予以考虑，从而解决了援助过程中眼前和长远、当前和急需的关系问题。截至2014年初，上海市区财政和社会各界无偿援助各类资金、物资、设备近20亿元。不仅在日喀则援建了市自来水厂、上海广场、上海路、地区体育场、扎什文化广场、地区职校教学楼、地区实验学校、地区人民医院病房大楼、地区妇幼保健院、制氧厂、桑珠孜宗堡复原等重点工程，更给西藏人民带去了希望工程、健康工程、安康工程、新农村建设等600多个项目，并为当地培训干部万余人次。

不仅如此，1996年9月，中央扶贫开发工作会议确定在全国开展东西扶贫协作过程中，上海市与云南省建立对口帮扶关系。经两地政府商定，上海14个区对口支援云南文山壮族苗族自治州、红河哈尼族彝族自治州、普洱市、迪

庆藏族自治州；2005年增加了四州市的26个贫困县。同时，还在17个"两地部门"建立了对口合作关系。隔年2月，上海与新疆阿克苏地区，再行实施对口支援。其中的阿克苏市、温宿县和阿瓦提县等地，上海已先后派出多批数百名干部。而在3年后的2010年，当上海对口支援新疆阿克苏地区调整为喀什地区的莎车、泽普、叶城和巴楚四县后，上海人民一如既往地给予那些边远地区全力支援。

  "实现中华民族伟大复兴是一项光荣而艰巨的事业，需要一代又一代中国人共同为之努力……"当习近平总书记强调"空谈误国，实干兴邦"后，上海，早已行走在为实现中华民族伟大复兴而努力实干的道路上了。人们有理由相信：中华民族的昨天，可以说是"雄关漫道真如铁"；中华民族的今天，正可谓"人间正道是沧桑"；中华民族的明天，可以说是"长风破浪会有时"。

（汪建强）

中国梦,世界梦

加入WTO，中国的和平发展梦

关于WTO

当今世界经济全球化趋势深入发展，各国之间的相互交流、相互依存日益加深，全世界越发形成地球村经济。推动世界经济发展的成员中有一个重要的国际经济组织——世界贸易组织（World Trade Organization，简称WTO）。然而，作为WTO前身关税贸易总协定的创始缔约方的中国长期被排斥在外，直到2001年中国才加入WTO。中国的经济需要世界，世界的经济更需要中国，加入WTO，体现了中国发展经济、推动世界经济发展的宗旨，也告诉世界中国的和平发展梦。

WTO的前身关税贸易总协定（简称"关贸总协定"），成立于1947年10月30日，当日中国政府签署了联合国贸易与就业大会的最后文件，该大会创建了关贸总协定。1948年4月21日，中国政府签署关贸总协定《临时适用议定书》，并从1948年5月21日正式成为关贸总协定缔约方。新中国成立后由于种种原因，被排斥在关贸总协定之外。然而，科技革命和生产力的飞速发展，让第二次世界大战后的世界经济全球化日益飞速发展，特别是改革开放以后，中国经济面对巨大的国际市场的机遇与挑战。由于中国不是关贸总协定成员，在世界市场上经常遭受歧视或者一些经济壁垒，所以成为关贸总协定成员对于发展中国经济，甚至对于促进世界经济，都是巨大的机遇。

加入WTO之路

1982年11月,中国政府获得观察员身份,并首次派团列席关贸总协定第36届缔约国大会,从而能够出席缔约方的年度会议,随后国务院批准中国申请参加关贸总协定的报告。1986年7月10日,中国驻日内瓦代表团大使钱嘉东代表中国政府正式提出申请,恢复中国在关贸总协定中的缔约方地位。从此,中国开始了长达15年的漫漫复关入世路。

由于世界经济发展,国际组织专业化,而关贸总协定却不是一个正式的国际组织,所以,成立正式组织促进世界经济发展成为必要。1994年12月12日,关贸总协定128个缔约方在日内瓦举行最后一次会议,宣告关贸总协定的历史使命完结。根据乌拉圭回合多边贸易谈判达成的协议,从1995年1月1日起,由WTO取代关贸总协定。由此,中国的复关变成了入世之路。然而,入世艰辛,某些国家提出一些苛刻条件,历经十几年的入世谈判,但中国只为追求公平的国际环境和权利,决不能牺牲国家利益加入WTO,否则加入WTO毫无意义。

正式加入WTO

1998年6月,时任国家主席江泽民接受美国记者采访时提出中国"入世"三原则:WTO没有中国参加是不完整的;中国毫无疑问要作为一个发展中国家加入WTO;中国的"入世"是以权利和义务的平衡为原则的。中国表达了以发展中国家入世的坚强决心。世界经济发展的需要,且中国的经济总量跃居世界前列,作为世界最大的国际经济组织,WTO也需要中国加入。经过无数次的艰难谈判和多边会议,最终中国与WTO成员国全部签订双边协议,2001年7月3日,WTO成员国

就中国正式入世问题达成一致。11月，中国正式成为WTO成员。

　　加入WTO表达了中国融入世界经济的决心，也是中国对世界经济的推动，更体现了中国利用国际市场走和平发展之路实现中华民族伟大复兴的梦想。加入WTO，有利于扩大我国的改革开放，为我国赢得更好的国际环境，面对越来越多的贸易争端和矛盾，中国可以公平地以WTO贸易规则来参与竞争，增强我国经济发展活力和国际竞争力。当然由于加入WTO，也要求中国加速自身经济结构调整以适应国际规则。加入WTO，中国也向世界宣告了中国和平发展的决心，中国致力推动国际经济秩序向公平合理发展的努力，我们需要的是世界各国平等、共赢、共存的经济全球化。入世的过程，充分证明了中国实现和平发展是中国人民的真诚愿望和不懈追求，建设一个持久和平、共同繁荣的和谐世界，是中国梦的重要组成部分。中国的和平发展是人类追求文明进步的一条全新道路，不仅是中华民族伟大复兴的梦想，更是中国现代化建设的必由之路，是中国政府和中国人民的郑重选择和庄严承诺。

（段春义）

北京奥运会

2008年8月8日20时,一个万众期盼的时刻到来了!

第29届夏季奥林匹克运动会,在中华人民共和国首都北京国家体育场开幕了。204个国家和地区的运动员齐聚北京奥运主体育场,包括80多位外国政要在内的9万多名世界各地观众来到现场,和全球几十亿电视观众一同见证北京奥运会开幕式盛典。

梦想今夜绽放

夜幕下,"鸟巢"造型的国家体育场华灯灿烂,流光溢彩。1万多名表演者,借助多媒体技术和声光电等影像效果,为全球观众打开中华文明长卷的一角。

2008尊中国古代打击乐器缶发出动人心魄的声音,2008名演员击缶而歌,吟诵着"有朋自远方来,不亦乐乎",唱和吟诵,荡气回肠。中国人用这种传统的方式表达着对世界各国奥运健儿和嘉宾的欢迎。

奥林匹克之光,穿越历史,穿越时空,在古老的神州大地上,将古老和现代、西方和东方紧紧联系在一起。五彩的焰火沿北京南北中轴线次第绽放,呈现出象征第29届奥运会的29个巨大脚印。

"画卷"、"文字"、"戏曲"、"丝路"、"礼乐"一一呈现,先秦百

家哲人们的智慧，"四大发明"的创举，诗词、音乐、舞蹈、戏曲、书画、建筑等古代艺术的韵味，如梦如幻地勾勒出中国古代文明的博大气象。

"星光"、"自然"、"蓝色星球"、"梦想"展现了中国这个古老的国度走向现代的壮丽图景，人民幸福，安居乐业，人与自然和谐相处，世界各国人民同在这个蓝色星球，同一个世界，同一个梦想。你和我，我们是一家人；我和你，一起创造明天。

此时此刻，人们不禁回望岁月沧桑，中国的奥运梦终于变为了现实。这一天中国人等了一百年；这一刻，世界也等了一百年。

百年奥运梦

1908年5月23日，《天津青年报》以醒目位置刊登了这样三个问题："什么时候，中国能派出一位成绩优秀的运动员去奥运会？""什么时候，中国能派出一支成绩优秀的运动队去奥运会？""什么时候，中国能邀请世界各国到北京来举行奥运会？"这就是体育史上著名的"奥运三问"。

1932年，第10届奥运会在美国洛杉矶举行，这是中国人第一次参加奥运会。我国短跑选手刘长春是唯一参加正式比赛的中国运动员。但是，由于旅途劳累，体力消耗大，他在百米预赛中即被淘汰。拿一块金牌，成为数万万中华儿女的共同心声。

1984年7月30日，在第23届洛杉矶奥运会上，中国射击运动员许海峰获得自选手枪慢射金牌，实现了我国奥运会金牌零的突破。

在中国举办一届奥运会，自此成为亿万中华儿女的共同心愿。

1991年，北京成立奥申委，向国际奥委会申办2000年奥运会。从那时开始，中国人就为自己举办奥林匹克运动会的梦想坚定地努力着。

1993年9月24日，蒙特卡洛传来消息，北京以两票之差落后悉尼。

1998年4月7日，北京向国际奥委会主席萨马兰奇正式递交了北京申办2008年夏季奥运会的报告。

1998年9月6日，北京2008年奥运会申办委员会成立，北京申办2008年奥运会工作正式启动。

2000年2月1日，北京奥申委确定了申办口号和会徽。申办口号是"新北京，新奥运"。

2000年8月28日，北京获得2008年奥运会的申办资格。

2001年7月13日北京时间22时15分，莫斯科当地时间18时15分，国际奥委会第112次全会投票选出2008年奥运会主办城市——中国北京。当前国际奥委会主席萨马兰奇先生大声宣布"China Beijing"的那一瞬间，所有在场的中国人都为之动容。当申奥成功的消息传来，无数人流下了激动的泪水。

从1896年雅典第一届奥运会到2008年北京奥运会，整整112年；从1984年许海峰夺得奥运会第一枚金牌算起，我国运动员共获得112枚金牌。这是历史的巧合，更是千千万万中华儿女努力奋斗的结果。

中国梦，世界梦

同一个世界，同一个梦想

2008年，北京奥运会的口号是"同一个世界，同一个梦想"，表达了北京人民和中国人民与世界各国人民共有美好家园，同享文明成果，携手共创未来的崇高理想；表达了一个拥有五千年文明，正在大步走向现代化的伟大民族致力于和平发展、社会和谐、人民幸福的坚定信念；表达了13亿中国人民为建立一个和平而更美好的世界做出贡献的心声。

2008年北京奥运会，参赛国家及地区204个，参赛运动员11438人，设302项（28种）运动，有60000多名运动员、教练员和官员参加北京奥运会。本届北京奥运会共创造43项新世界纪录及132项新奥运纪录，共有87个国家在赛事中取得奖牌，中国以51枚金牌居金牌榜首位，是奥运历史上首个登上金牌榜首的亚洲国家。

（白璇煜）

圆梦之旅
——2010上海世博会

人类文明史上的新坐标

2010年5月1日至10月31日,以"城市,让生活更美好"(Better City, Better Life)为主题的第41届世界博览会(简称"世博会")在中国上海举

161

行。这是中国举办的首届世博会,不仅创造了中国的历史,也创造了世博会的历史。

从柏拉图追求"造幸福之城"开始,千百年来,人类对和谐城市就一直孜孜以求。作为人类文明的盛会,世博会更是记录了每一个探寻的脚步。翻阅150多年的世博史,犹如品读一本经济史、文化史、科技史,人类文明进步的脚步声清晰传来。

无论是1851年大英万国博览会奏响人类从农业文明迈向工业文明的强音,还是1873年奥地利维也纳世博会开启人类"电气时代"的征程,无论是1974年美国坎波斯世博会将人类带入环保新时代,还是2000年德国汉诺威世博会揭示出人类、自然和科技协调发展的新关系,每一届世界博览会,无论规模大小,都使人类文明迈上了一个新的台阶。上海世博会用8年的努力、184天的精彩,在人类文明史上留下了一个新坐标。

从园区内4.5兆瓦的太阳能发电装机容量,到氢能源车、超级电容车等清洁能源车辆的使用,从生态节能建筑、垃圾自动收集,到江水源热能采集等新技术的广泛应用……世博园处处透着科技之美。

从中国的战国铜车马到希腊的雅典娜神像,从法国印象派绘画大师的传世之作到丹麦的小美人鱼……世博园的珍品让人目不暇接、美不胜收,让人们充分体会到历史之美。

从原汁原味的非洲土风舞到华丽炫目的法国宫廷舞,从热情洋溢的阿根廷探戈舞到凝练简洁的日本能剧,从欢快的英格兰民乐到优美典雅的中国京剧……平均每天一百多场、总计2万多场次的文化演艺活动,荟萃了绚丽多姿的各国文化的精髓,给人心旷神怡的精神享受,让我们体会了文化之美。

世博精神永不落幕

上海世博会搭起了世界各国交流合作、各种文明交融互鉴的平台,创造了一个个"世博之最":246个参展方,打破了2000年德国汉诺威世博会保持的177个国家和国际组织参展的纪录;超过7300万人次的海内外游客,打破了1970年日本大阪世博会6400多万人次的纪录;创立了城市最佳实践区和网上世博会……上海世博会,成功兑现了"办一届成功、精彩、难忘的世博会"之承诺。

世博会期间,8万多名园区志愿者为参观者奉献了最灿烂的笑容和最周到的服务,人们亲切地称他们为"小白菜";近200万名城市志愿者活跃在上海的街头巷尾,他们的辛勤劳动和热情服务成为解读中国的靓丽名片。

智慧而包容的世博盛会,将全世界的奇思妙想集中于上海黄浦江两岸5.28平方千米的世博园。184天,上海世博会书写了中国人民同各国人民交流互鉴的新篇章,书写了人类各种文明交流互鉴的新篇章。

世博会虽然早已落幕,但海纳百川、和而不同的开放胸襟,锲而不舍、追求卓越的坚定信念,实事求是、以人为本的办博精神却永不落幕。这些永不落幕的世博精神,是上海世博会留给世界、留给中国最珍贵的礼物。一个更加开放、包容的中国,一个正在复兴走向中国梦的中国,将与世界各国一道,

中国梦,世界梦

共同推动人类文明进步的历程。

　　100年前,有为青年陆士谔在他的小说中虚构了在上海浦东举办世博会的情景。这个充满梦想的中国人,开启了一段百年民族追梦路:从"荣记湖丝"到"东方之冠",从积贫积弱到民族复兴,从经济振兴到科学发展。百年后,上海世博会不仅让陆士谔梦圆,更向全世界人民展现了一个民族复兴、大国崛起的动人故事。世界从这里了解中国,中国从这里走向世界。一个拥有五千多年文明历史的古老中国,一个正在改革开放中快速发展变化的现代中国,正在走向世界,走向昔日的辉煌。

(郁葶苈)

中国的声音

20世纪70年代末,中国诗坛上出现了一首影响深远的诗作——舒婷的《我的祖国》:"我是你河边上破旧的老水车/是你额上熏黑的矿灯/是干瘪的稻穗;是失修的路基/是淤滩上的驳船/是'飞天'袖间千百年来未落到地面的花朵……"34行诗句,勾勒出那个年代祖国的模样——一个我们深爱的,却又沉

重而沉默的祖国。

重返联合国的艰难之旅

中国在第二次世界大战中与美、英、苏等国共同作战，取得了世界反法西斯战争的胜利。战后的中国与苏、美、英、法等一同倡议成立了一个旨在维护世界和平的国际组织——联合国。中国成为联合国的创始国和安理会5个常任理事国之一。

新中国成立后，中国在联合国的合法席位仍然被逃到台湾的蒋介石当局所占据。中国政府为此进行了不屈不挠的斗争。

1971年10月25日，第26届联合国大会就阿尔巴尼亚、阿尔及利亚等23国关于"恢复中华人民共和国在联合国的一切合法权利，立即把国民党集团的代表从联合国及其所属的一切机构中驱逐出去"的提案进行表决，结果是：76票赞成、35票反对、17票弃权。不仅是联合国中的大部分亚非国家支持这项"两阿提案"，欧洲也给予了23国赞成、3国弃权，仅马耳他1国反对的高票支持。顷刻间，会议大厅沸腾了。这是众望所归的结果。联合国是以自己的普遍性而自豪的，如果占世界人口五分之一的中国都不在其中，它又有何普遍性可言？联合国需要中国，世界舞台欢迎中国。

崭新中国的梦想者

中国重返联合国，只是一个胜利的开端。一个国家若想真正获得国际社会的认可和尊重，需要的是政治、经济、文化等全方面的发展和担当。改革开放之后，中国终于向世界展开了双臂，并用政治上的革新、经济上的飞速发展和文化上的开放多元，向世界呈现了一个全新的、生机勃勃的中国。

1979年元旦出版的《时代》周刊封面人物，选择了邓小平，标题是"邓小平，中国新时代的形象"。文中惊叹："邓小平向世界打开了'中央之国'的大门，这是人类历史上气势恢宏、绝无仅有的一个壮举！"这一天，中美正式建交；10天前，开启中国改革开放序幕的中共十一届三中全会闭幕；27天后的

1月28日，中国农历新年，大年初一，邓小平访美，开启了这个文明古国探索与世界互利共赢之路的"破冰之旅"。这也是中国领导人的第一次访美。而美国《时代》周刊则是这样评价这位第一次在国际舞台上亮相的新中国领导人的：一个崭新中国的梦想者。邓小平离美回国之日的2月5日，他的形象再度出现在《时代》封面上。美国媒体说，邓小平在美国掀起了"邓热潮"、"中国热"，他的访问是"中国的愿望、尊严和外交灵活性的象征"。

此后30余年的岁月里，中国始终以开放的姿态，秉承着将中国的愿望、尊严和外交灵活性有机融合的传统，在国际舞台上发挥着越来越重要的作用。

中国声音的力量

当今世界，无论世界卫生组织、联合国教科文组织、国际货币基金组织、世界贸易组织、国际原子能机构等联合国体系内的专门机构，还是APEC、20国集团这样的经济合作论坛，抑或上合组织等区域性的全面合作组织，其中都少不了中国强有力的声音。

1991年11月，中国正式加入初创于1989年的亚太经合组织（简称APEC），登临了这个与亚太地区其他经济体开展互利合作、多边外交的重要舞台。中国国家主席出席了历次亚太经合组织领导人非正式会议，为应对国际金融危机、推动有关成员双边关系的发展等提出了许多积极、平衡、合理的政策主张和倡议。在2001年上海浦东承办的APEC会议上，江泽民主席与美国总统布什、俄罗斯总统普京等19位领导人一道讨论了有关全球和地区经济的诸多问题。

由中国、俄罗斯等国发起的上海合作组织，在成员国、观察员国、对话伙伴国和轮值主席国客人之间，搭建起了一个覆

盖政治、经济、科技、文化、教育、能源、交通、环保及地区反恐等领域的合作平台。这是中国首次在境内成立国际性组织。

　　通过在国际舞台上的亮相和历练，中国的外交形象愈加成熟、自信而有魅力。在改善国际货币体系问题上，在朝鲜半岛局势等棘手问题上，中国以其公正负责任的主张和智慧，展示出一个大国的抱负和诉求，并希望在世界舞台上拥有更大的话语权，让"中国梦"对接"世界梦"，携手"世界梦"。中国声音的力量，正为世界人民所熟悉和欢迎。

（唐旻红）

非物质文化遗产申报

昆曲艺术率先进入联合国教科文组织首批"非遗"名录

2001年5月18日,联合国教科文组织在巴黎宣布第一批"人类口头和非物质遗产代表作"(简称"非遗")名单,共有19个申报项目入选,中国的昆曲艺术榜上有名。中国成为首次获此殊荣的19个国家之一。截至2013年,中国入选联合国教科文组织非物质文化遗产名录的项目已达到37项。中国历史悠久,文化昌明,绵延不绝的历史长河中留下了无数宝贵的文化遗产。在申报世界物

质文化遗产的基础上,中国的非物质文化遗产又在世界层面脱颖而出,为中华民族带来了无比的自豪与骄傲。

非物质文化遗产具有浓缩的民族性、广泛的群众性、高度的个性化、标志性、地方性、传承性、变异性,以及传播广泛性、类型多样性、集体参与性等特点。有着"中华文化之瑰宝"美誉的昆曲艺术,兴起于明代,传承了六百年,唱腔委婉华丽,念白生动儒雅,拥有一套"载歌载舞"的严谨表演形式,配器较为齐全,音乐属于联曲体结构,舞台美术讲究装饰性,使用脸谱,服式丰富。经过长时间的磨合,昆剧艺术形成相当完善的体系,在中国传统戏曲中占有独尊的地位,被称为"百戏之祖"。成功进入首批世界"非遗"名录,标志着昆曲艺术实至名归地得到了世界范围的认同。

2009年中国"非遗"申报取得集团冲锋式的突破

2009年9月,联合国教科文组织公布了76个人类"非遗"名录,其中22项来自中国。它们分别是:中国蚕桑丝织技艺、福建南音、南京云锦、安徽宣纸、贵州侗族大歌、广东粤剧、《格萨尔》史诗、浙江龙泉青瓷、青海热贡艺术、藏戏、新疆《玛纳斯》、蒙古族呼麦、甘肃花儿、西安鼓乐、朝鲜族农乐舞、书法、篆刻、剪纸、雕版印刷、传统木结构营造技艺、端午节、妈祖信俗。

需要解释的是,福建南音又称泉州弦管,是集唱、奏于一体的表演艺术。南京云锦是织造花团锦簇般桑蚕丝帛的手工技艺。侗族大歌是流传于贵州黔东南地区的一种民间合唱音乐,为原生态的无指挥、无伴奏、多声部的侗族民歌的总称。热贡艺术主要是指随着藏传佛教而发展传播的唐卡、壁画、堆绣、雕塑等艺术。《玛纳斯》是柯尔克孜族英雄史诗。呼麦是蒙古族古老的民族歌唱形式,纯粹利用人的发声器官,同时唱出两个声部,形成罕见的多声部形态。甘肃花儿是广泛流传于甘肃、青海、宁夏及新疆四省(自治区)多个民族中,使用当地汉语方言演唱的民歌。

此外,中国书法入世界非物质文化遗产名录,尤其牵动国民的心。关心书法的人一方面为书法赢得世界声誉而欢欣鼓舞,另一方面,又为书法传统文化土壤的变异与弱化，书法创作外在形式的张扬与内在文化的萎缩而忧心忡忡。从书法技法上看，今日急功近利的书法家很难逾越古人的高标。更为致命的是，书法创作趋向于美术化，日益远离人们的日常生活。先是钢笔等硬笔以其便利优势缴下了人们手中的毛笔；当代，随着电脑使用的普及化，键盘输入又替代了用笔书写。提笔忘字渐成常态，哪还顾得上书写的优美。尽管如此，书法"申遗"成功，还是为中国全面宣传展示书法的博大精深和独特魅力提供了大好时机。为传承和弘扬中国的书法文化，炎黄子孙是重任在肩。

进入"非遗"名录的光荣与责任

"申遗"热在中国仍处于进行时，基本上隔年就有一至两项进入世界"非遗"名录。除了上文所提到的，中国文化进入世界"非遗"名录的还有：中国古琴艺术、蒙古族长调民歌、新疆维吾尔木卡姆艺术、京剧、中医针灸、皮影戏、珠算等。

非物质文化遗产以动态的方式流传于世，是传统文化的"活化石"。它蕴含着丰富的历史、文学、艺术、科学价值，不仅对过去，而且对今天和未来都有着重要的意义。保护非物质文化遗产不单是为了保存民族的历史记忆，更有助于民族自我认知，认知人群是推动"非遗"文化发展的源源不绝的动力。非物质文化遗产既属于本民族的，同时也是全世界的，传承和宣扬本国的文化遗产，是我们义不容辞的责任和义务。2011年2月，《中华人民共和国非物质文化遗产法》的公布，为"非遗"的保存与保护提供了法律武器。

（吴海勇）

中国梦，世界梦

援外与维和彰显大国责任

新时期对外援助政策做出重大调整

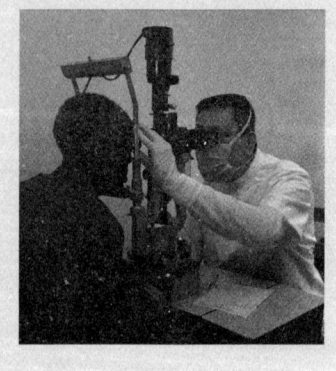

1984年出品并轰动一时的影片《高山下的花环》，里面有一个场面令人过目难忘：在对越自卫反击战中，九连战士浴血奋战，攻上越南阵地。看到满地丢弃的中国武器，成袋的大米、成箱的压缩干粮上异常清晰的"中国"字样，战士们咬牙切齿、怒不可遏："二百亿养了个狼崽子！"这一经典镜头将越南恩将仇报的罪行形象化，其中也寄寓了中国人民对多年无私援助越南的历史反思。

新中国成立初，新中国在接受苏联援助的同时，积极援助社会主义国家和亚非拉的民族主义国家。随着外交理念的调整，中国的对外援助呈现出范围广、数量大的特点，政治利益诉求远远大于经济收益，给当时中国经济发展带来了一些困难。而有些国家诸如越南并不知足，反而在中苏之间搞攀比，先走中间路线，后亲苏而反华。进入改革开放新时期，中国确立了"以经济建设"为中心的政治纲领，外交战略转变为"韬光养晦，有所作为"的不结盟、不划线的独立自主的和平外交，对外援助政策也做出相应调整：由单纯的

经济援助发展为多种形式的互利合作,在一部分受援助国家实施了租赁经营、合资经营和代管经营等多种形式的合作。

进入20世纪90年代,随着经济实力的增强,中国的对外援助支出更加宽裕,更能在国际援助方面负起大国的责任;同时,随着社会主义市场经济体制在中国的确立,市场机制在对外援助工作的作用也日益明显起来。

新世纪对外援助实践策应外交新理念

21世纪以来,中国确立了"和谐世界"的外交新理念。它强调国家之间的和平、人与人的和睦,以及人与自然的和谐,强调合作共赢。该理论的提出,表明中国正努力承担起更大的全球责任。在"和谐世界"外交思想的指导下,中国在坚持平等相待、维护共同利益,尽力而为、不附带任何政治条件,以及互利合作、谋求共同发展等三个基本原则的基础上,对外援助事业在新世纪又发生了两点重要的变化:一是强调互利合作"双赢"的对外援助;二是注重软实力的提升。

伴随援外理念的更新,中国在新世纪对外援助活动可圈可点。一是增加

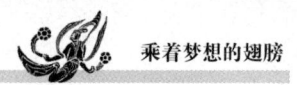

援助规模。诚如温家宝总理在2004年八九月间召开的中国对发展中国家经济外交的工作会议上所指出的那样,鉴于中国日益上升的国际地位和不断壮大的经济实力,中国决定向发展中国家提供更多的援助。从数量上看,中国对外援助的确是在逐年快速增长。从援助范围来看,中国的援外已从周边国家扩展到世界五大洲。援外内容则注重"以人为本",增加了人道主义援助,"9·11"后,阿富汗、伊拉克相继陷入战乱,中国向两国分别给予大力援助,赢得了良好的国际声誉。援外主体则实现了多样化,2004年12月印度洋海啸对东南亚各国造成巨大破坏,中国红十字会与中华慈善会开启了历史上迄今最大规模的中国民间对外援助。此外,在援外的管理机制方面也有了新的举措。

参加国际维和,更多地承担大国责任

1990年4月,中国5名军事观察员赴联合国停战监督组织维和任务区工作,令世界瞩目,开启了中国军队参加联合国维持和平行动的历程。

维和行动必须经过联合国和有关国际组织的授权,旨在防止武装冲突发生,控制武装冲突升级并促进武装冲突的和平解决;维和人员由成员国自愿

提供，除自卫外不得使用武力。需要指出的是，1950年美国出兵朝鲜的行动不属于联合国维和行动。那是美国打着"联合国军"的旗号进行的一次公开的武装干预行动，联合国明确未予承认。中国恢复在联合国的合法席位后，主张国际争端由当事国之间通过和平的方式解决，坚决反对外国势力借机干涉别国内政，在相当长一段时间内对维和行动基本持保留态度。到20世纪80年代初，随着国际形势发生变化，联合国在解决国际问题发挥的积极作用日益显著，中国对维和行动的态度也相应转变。

从1992年起，联合国维和行动中出现了成建制的中国"蓝盔部队"。1997年，中国政府原则同意参加联合国维和待命安排制度。2002年，中国政府正式决定派成建制非作战部队参加联合国第一级维和待命机制。中国不断扩大参与联合国维和行动的规模，不仅增加派出维和军事人员、民事警察，而且提高了在联合国维和行动摊款中的份额。中国参与联合国维和行动展示了中国的大国风范，提高了中国的国际地位，强化了国际安全合作，扩大了与外军的交流，同时也提高了中国军人的素质。

（吴海勇）

图书在版编目(CIP)数据

乘着梦想的翅膀/俞克明主编.—上海：少年儿童出版社，2014.7
(我的中国梦丛书)
ISBN 978-7-5324-9566-5

Ⅰ.①乘... Ⅱ.①俞... Ⅲ.①改革开放—中国—少儿读物 Ⅳ.①D61-49
中国版本图书馆CIP数据核字 (2014) 第159654号

我的中国梦丛书
乘着梦想的翅膀
俞克明 主编
费　嘉 装帧

责任编辑　马淑艳　　美术编辑　费　嘉
责任校对　黄亚承　　技术编辑　陆　赟

出版　上海世纪出版股份有限公司少年儿童出版社
地址　200052 上海延安西路1538号
发行　上海世纪出版股份有限公司发行中心
地址　200001 上海福建中路193号
易文网 www.ewen.cc　少儿网 www.jcph.com
电子邮件 postmaster @ jcph.com

印刷　北京兴星伟业印刷有限公司
开本 720×980　1/16　印张 11.5　字数 181千字
2021年6月第1版第3次印刷
ISBN 978-7-5324-9566-5/I·3790
定价 35.80元

版权所有　侵权必究
如发生质量问题，读者可向工厂调换